알고 부르면 은혜로운
찬 송 가

알고 부르면 은혜로운
찬송가

지은이 | 석 훈
펴낸이 | 원성삼
펴낸곳 | 예영커뮤니케이션
초판 1쇄 발행 | 2011년 4월 30일
초판 2쇄 발행 | 2017년 11월 17일
등록일 | 1992년 3월 1일 제2-1349호
주소 | 04018 서울시 마포구 동교로 55 2층(망원동, 남양빌딩)
전화 | (02)766-8931
팩스 | (02)766-8934
홈페이지 | www.jeyoung.com
ISBN 978-89-8350-757-0 (03230)

본 저작물은 저작권법에 의하여 한국 내에서 보호를 받는 저작물이므로
무단 전재와 무단 복제를 금합니다.

값 12,000원

 모든 인간은 하나님의 형상을 닮은 존귀한 존재입니다. 사람은 인종, 민족, 피부색, 문화, 언어에 관계없이 모두 다 존귀합니다. 예영커뮤니케이션은 이러한 정신에 근거해 모든 인간이 존귀한 삶을 사는 데 필요한 지식과 문화를 예수 그리스도의 사랑으로 보급함으로써 우리가 속한 사회에 기여하고자 합니다.

알고 부르면 은혜로운
찬 송 가

석 훈 지음

예영커뮤니케이션

들어가는 글

 10년도 더 된 기억이지만 어느 날, 해설 찬송가를 펼쳐 찬송 "내 평생에 가는 길"을 부르면서 찬송가 아래에 설명된 세 줄의 해설을 읽게 되었는데, 작사가가 '스패포드 부인'이라고 기재되어 있었습니다. 그 순간 어디선가 들은 얘기가 제 머리에 떠올랐는데, 스패포드는 사업가이고 무디 목사님이 이끌던 부흥전도단의 후원자였다는 얘기였습니다. 그럼 스패포드는 여자가 아니고 남자란 얘기인데, '우리는 이 찬송에 대해 알고 있는 게 무얼까'라는 질문이 저에게 생겼습니다. 궁금증을 이기지 못해 여기저기 알아보았더니 이 찬송이 여러 나라의 언어로 2차, 3차 번역이 되어 전해져서 작가의 성별이 바뀌게 된 것이었습니다.
 이 작은 일이 저에게 참을 수 없는? 찬송가에 대한 궁금증을 유발하게 만들었습니다. 그리고 이 후에는 제가 좋아하던 "시온의 영광이 빛나는 아침"과 "어둔 밤 쉬 되리니"가 '로웰 메이슨'이라는 한 사람의 작품임을 알고, 찬송가에 대한 궁금증들이 더 커져만 갔습니다.
 국내의 각 교회들이 지난 10여 년 동안 '열린 예배'를 선호하면서 복음성가 위주로 찬양을 하게 되면서 찬송가를 부르는 일이 흔치 않는 현실이었습니다. 교회학교에서 헌신해 오던 저로서는 청소년들이 찬송가에 대해 무관심해지고 있다는 사실을 발견하고 안타까운 마음이 이만저만이 아니었습니다. 물론 복음성가가 훌륭하지 않다는 뜻은 아니지만 찬송가의 본 의미를 모르고 그냥 찬송가는 재미가 없고 옛날 노래라는 인식을 젊은이들이 갖고 있다는 사실에 대해 조금이나마 그렇지 않다는 것을 알리고 싶었습니다.

그동안 장신대 조숙자 교수님과 이중태 목사님을 비롯한 많은 분들이 찬송가에 대한 열정적인 연구를 해 주신 것에 깊은 감사를 드립니다. 그러한 어려운 작업들을 통해 하나님은 여러 사람들에게 다시금 찬송가에 담긴 메시지를 깨달을 수 있는 지혜를 주시고 계십니다.

전문 작가가 아닌 글재주가 없는 저로서 이 책을 쓰면서 찬송가에 담긴 의미를 잘 전달할 수 있을지 여간 부담이 되는 게 아니었습니다. 지난 5년간의 조사와 3년간의 집필 기간 동안 지치기도 하고 저에게는 과분한 일인데 개인적인 호기심으로 괜히 욕심을 내는 것은 아닌가라는 생각도 많이 했었습니다. 하지만 하나님이 기뻐하실 일이라는 것으로 용기를 삼았고 어느 정도 집필이 진행되었을 때는 이것이 제가 하고 있는 일이 아니라는 것도 알게 되었습니다.

　오랫동안 많은 성도님들로부터 사랑받은 찬송들은 작품자의 간증과 영적 전쟁을 통한 하나님의 임재를 확인시키고 있습니다. 각 찬송들의 내용을 알아 가면 갈수록 하나님께서 사람의 손을 빌어 찬송가를 직접 작사, 작곡하셨다는 것도 알게 되었습니다.

　외국어로 된 찬송이 우리나라로 들어와서 우리말로 번역이 되는 과정에서, 초기 한국 신앙의 뿌리를 내리게 했던 많은 선교사님들의 노력도 정말 대단한 것이라 하겠습니다. 언더우드원두우, 베어드안애리, 밀러민로아 등 많은 선교사님들의 번역 또한, 사람이 한 일이 아니었음을 깨닫게 되었습니다. 하나님은 그런 세세한 것까지 계획을 가지고 귀하게 쓰셨다는 것입니다.

　많은 분들이 이 책을 통하여 더욱 찬송가를 사랑하고 관심을 갖게 되기를 바라는 마음뿐이고, 이어서 모든 성도님들이 찬송을 통한 하나님과의 교제의 폭이 더욱 넓어지기를 기도합니다.

한 가지 바라는 점은 각 찬송의 내용을 알고 부르면서 하나님의 미세한 음성을 꼭 들으시길 원합니다. 지금도 하나님은 미세하지만 분명하게 우리에게 말씀을 하고 계십니다. 듣고자 하시면 그 음성이 분명하게 들릴 것입니다.

이 책이 나오기까지 사랑과 지도, 그리고 기도를 쉬지 않으신 모든 분들께 진심으로 감사를 드립니다.

우선 저로서는 신앙의 유산을 받은 것과 음악인의 가정에 태어난 것에 대해 다시 한 번 깊은 감사를 드립니다. 또한 이 책이 무사히 나오기 위해 중보기도를 해 주신 일암교회 성도님들께 감사드립니다. 일암교회 김성일 담임 목사님과 사모님, 김종채 목사님, 기독공보사 김보현 목사님, 집필의 물꼬를 터주신 연세대에 계시는 이광환 집사님, 독일어 번역을 도와주신 유영미 집사님, 영어 번역을 도와주신 양우천 집사님께도 감사를 드립니다.

진정한 오페라의 맛을 알게 해 주신 이탈리아 로마 국립 오페라단

지휘자 파올로 올미Paolo Olmi와 저와의 수많은 대화와 경험을 통해 교향악의 진수를 알려 주신 한국이 낳은 세계적인 지휘자이며 현재 독일 하노버국립오페라극장 수석 지휘자인 구자범 선생께도 감사를 드립니다.

  또한 책으로 만들어 주신 출판사 예영커뮤니케이션 대표 김승태 사장님과 이보영 편집자님, 삽화로 고생하신 김준호 화백님을 비롯한 수고하신 모든 분들께 감사드리며 사랑하는 가족들과 미천한 저를 자식으로 삼아 주신 아버지 하나님께 감사를 드립니다.

2011. 4.

석훈

차례

들어가는 글

1. 115장(통115) 기쁘다 구주 오셨네 13
2. 550장(통248) 시온의 영광이 빛나는 아침 21
3. 108장/114장(통113/114) 그 어린 주 예수 27
4. 210장(통245) 시온성과 같은 교회 32
5. 64장(통13) 기뻐하며 경배하세 36
6. 314장(통511) 내 구주 예수를 더욱 사랑 41
7. 549장(통431) 내 주여 뜻대로 48
8. 540장(통219) 주의 음성을 내가 들으니 56
9. 369장(통487) 죄짐 맡은 우리 구주 61
10. 585장(통384) 내 주는 강한 성이요 69

11. 542장(통340) 구주 예수 의지함이 76
12. 442장(통499) 저 장미꽃 위에 이슬 82
13. 545장(통344) 이 눈에 아무 증거 아니 뵈어도 88
14. 370장(통455) 주 안에 있는 나에게 93
15. 413장(통470) 내 평생에 가는 길 100
16. 338장(통364) 내 주를 가까이 하게 함은 108
17. 150장(통135) 갈보리산 위에 114
18. 488장(통539) 이 몸의 소망 무언가 120
19. 221장(통525) 주 믿는 형제들 127
20. 379장(통429) 내 갈 길 멀고 밤은 깊은데 132

21. 478장(통78) 참 아름다워라 137
22. 382장(통432) 너 근심 걱정 말아라 143
23. 310장(통410) 아 하나님의 은혜로 150
24. 28장(통28) 복의 근원 강림하사 156
25. 391장(통446) 오 놀라운 구세주 164
26. 570장(통453) 주는 나를 기르시는 목자 170
27. 94장(통102) 주 예수보다 더 귀한 것은 없네 176
28. 580장(통371) 삼천리 반도 금수강산 183
29. 254장(통186) 내 주의 보혈은 187
30. 419장(통478) 주 날개 밑 내가 편안히 쉬네 193

31. 425장(통217) 주님의 뜻을 이루소서 200
32. 79장(통40) 주 하나님 지으신 모든 세계 207
33. 516장(통265) 옳은 길 따르라 의의 길을 213
34. 304장(통404) 그 크신 하나님의 사랑 220
35. 538장(통327) 죄짐을 지고서 곤하거든 226
36. 351장(통389) 믿는 사람들은 주의 군사니 233
37. 563장(통411) 예수 사랑하심을 240
38. 184장(통173) 불길 같은 주 성령 246
39. 458장(통513) 너희 마음에 슬픔이 가득할 때 251
40. 390장(통444) 예수가 거느리시니 258

115장_ 통115

기쁘다 구주 오셨네

I. Watts 작사, G.F. Handel 작곡

천재 작곡가가 같은 시기에 태어나다

　게오르그 프리드리히 헨델Georg Friedrich Handel, 1685~1759은 1685년 2월 23일에 독일 할레Halle에서 유명한 외과 의사인 아버지와 루터교 목사의 딸인 어머니 사이에서 태어났다. 헨델은 어려서부터 음악적인 교육도 좋은 가정환경 덕분에 잘 받았을 뿐 아니라 신앙에 대한 부분도 잘 양육되었다. 아버지가 작센-바이센펠스 공작의 궁정에서 외과 의사로 있었던 덕분에 궁정에서 연주되는 음악을 자주 들을 수 있었다. 헨델은 오르간 연주자이며 작곡가였던 차하우F.W. Zachau의 제자가 되어 음악을 배웠으며, 오르간뿐만 아니라 오보에와 바이올린도 함께 배웠다. 1702년에 할레 대학에 입학해서 학업을 하던 중 생활비를 충당하기 위해 할레에 있는 개혁교회에서 오르간 주자로 일하였다.

　이 천재 작곡가 헨델이 태어남에 따라 주위 사람들은 그의 음악을 들을 때면 언제나 경악을 금치 못했다. 너무도 뛰어난 음악적 감각에 궁정에서 연주하는 음악인들도 늘 이 헨델의 음악에 관심을 두고 있었다. 그러나 그렇게 천재라는 칭호를 듣던 헨델의 귀에 또 다른 천재 음악가에 대한 이야기가 들리기 시작했다.

그는 다름이 아닌 헨델과 같은 1685년생으로 동갑내기이면서 우리가 후에 "음악의 아버지"라고 부르는 바흐 Johann Sebastian Bach, 1685~1750 였다. 운명적인 두 천재 음악가의 대결은 역사적으로 이들이 고전 클래식의 큰 기틀을 마련했다는 점에서 더 수준 높은 음악을 이끌어 낸 원인이 되었다.

당시 독일에서 최고의 교회 오르간 주자로 명성이 자자했던 두 사람은 한 치의 양보도 없는 음악적인 대결을 할 수밖에 없었다. 얼마 후에 헨델에게는 너무도 원하지 않은 일이 생겼는데, 그것은 바흐가 독일 국립음악원의 원장의 자리에 오르게 된 것이다.

이 사건으로 헨델은 더 이상 음악을 하고자 하는 마음이 없어졌다. 자존심이 상하기도 하는 일이었지만 그는 그 자리를 원했었다. 그것은 그 자리에 대한 욕심 때문이 아니라, 음악원장이 되면 궁정음악에 새로운 기법을 도입하는 등 여러 가지로 하고 싶은 일들이 많았기 때문이다.

독일 음악사에 따르면 바흐와 헨델은 평생 단 한 번도 만나지 못한 채 사망했다고 전해지는데 정작 두 사람이 못 만날 운명이었는지는 몰라도 두 사람의 주변 사람들이 늘 상대방에 대해 관심이 많아서 소문과 정보가 넘쳐 서로가 서로를 너무나 잘 알고 있었다고 한다.

어찌하였던 실망감에 사로잡힌 헨델은 그저 매일 마음을 달래기 위해 하나님께 무릎을 꿇고 기도하는 것이 유일한 위로였다. 주위에 헨델을 따르는 사람들의 위로가 있었지만 음악인으로서 바라던 꿈이 무너지다 보니 그런 말들이 귀에 들어오지 않았다.

기도를 매일 드리던 헨델은 마음을 추스르고 차분한 마음으로 집에 있는 하프시코드^{피아노의 전신}에 앉아 오페라 한 편을 완성시켰다. 그 오페라는 "리날도^{Rinaldo}"였는데, 그는 이 완성된 작품을 영국에 있는 음악 지인에게 보냈다.

오페라 "리날도"가 영국에서 큰 흥행을 기록하다

1711년의 어느 날, 헨델은 뜻하지 않은 소식을 접하게 되었다. 본인의 작품인 오페라 "리날도"가 런던에서 공연되었는데, 이것이 큰 호응을 얻어 영국에 헨델의 팬들이 많아졌고, 심지어는 영국 왕실에서도 이 공연을 하기 원한다는 것이었다.

이 오페라가 성공하면서 헨델에게는 새로운 기회가 생겼는데, 이 일을 계기로 그는 영국으로 그 음악적 무대를 옮기게 되었고, 후일에 자신의 국적을 바꾸어 영국인으로 귀화를 하여 영국국립음악원의 원장에 준하는 왕립음악아카데미의 음악감독이 되었다.

오페라 "리날도"에는 우리가 너무나 잘 알고 있는 명곡 "나를 울게 하소서^{Lascia chio Pianga}"가 삽입되어 있다. 오페라 "리날도"가 영국으로 넘어가 공연을 하게 된 것은 중요한 사건인데, 하나님께서 그의 기도를 들으시고 헨델의 손을 빌어 오라토리오 "메시아^{Messiah}"를 만들게 하셨던 출발점이 되었기 때문이다. 사실 그의 오페라 "리날도"가 영국에서 큰 흥행을 기록하면서 그가 영국으로 가게 되었는데, 만약 이 오페라가 없었다면 헨델이 어떻게 살았을까 참 궁금하다. 종국에는 "메시아"를 만들 수 있었을까? 그렇게 되지 않았다면 우리는 지금 오라토리오 "메시아"를 들을 수 없었을 것이다.

　헨델이 지나 온 시간을 정확히 하자면 1720년부터 1728년까지 왕립음악아카데미의 음악감독을 지냈으며, 그 기간 중인 1726년에 귀화하여 영국 국민이 되었고, 이때부터 왕립 부속 예배당의 작곡가로도 활동하게 되었다.

　그리고 그보다 이전인 1714년에 영국 여왕이 서거하고 헨델을 좋아하던 선제후 조지 루이스George Lewis가 영국의 국왕이 되어 "조지 1세"가 되었고, 그로부터 많은 보호와 혜택을 누렸다. 조지 1세가 헨델의 음악을 너무 사랑하여 왕실 부속 예배당에서 왕실 가족끼리 모여 헨델의 음악을 연주하게 하여 자주 감상하였다고 한다. 이 역사적인 헨델의 행보는 영국에 정통 클래식이 뿌리 내리는 계기가 되었다.

기쁘다 구주 오셨네

　헨델은 74세에 운명하여 명예로운 웨스트민스터 대성당Westminster Cathedral에 안장되었는데, 바흐보다는 9년을 더 살았다. 영국 웨스트민스터 수도원에는 이 찬송 "기쁘다 구주 오셨네"의 작곡가인 헨델과 작사가인 아이작 왓츠Isaac Watts, 1674~1748 두 사람의 동상이 서 있다. 두 사람은 같은 시대에 런던에 살았고 서로 아는 사이였으나 두 사람의 재능이 합쳐져 미래에 세계적으로 위대한 성탄송이 나올 줄은 이들 자신들도 전혀 생각하지 못하였을 것이다.

　이 후 로웰 메이슨Lowell Mason이 헨델의 메시아 53곡 중 일부분을 발췌한 후에 편곡을 해서 이 곡을 완성시켰다. 미국에 있는 '메이슨 협회'는 헨델의 "메시아"와는 동떨어진 곡조가 많다는 주장을 펴 이 곡은 로웰 메이슨이 작곡한 것이라고 하기도 한다. 하지만 이것은 메이슨의 추종자들이 만들어 낸 이야기일 뿐인데, 메이슨이 1839년에 편찬한 찬송집 『Modern Psalmist』에 'From Handel'이라고 직접 기재되어 있기 때문이다.

메이슨의 찬송집 제목 "Modern Psalmist"에는 재미있는 의미가 들어 있다. 사미스트Psalmist는 다윗을 비롯한 시편의 작가를 뜻하는 것인데, 시편이 노래의 가사로 된 말씀이니까 메이슨이 편찬한 찬송집의 제목은 "현대판 시편 작가"가 되는 게 아닌가? 메이슨이 의도한 것은 시편을 쓴 구약시대나 현재나 하나님을 찬양하는 것은 똑같은 시편 작가란 의미를 표현하고자 한 것이다.

아이작 왓츠가 1719년에 작사하였고, 헨델은 "메시아"를 1742년에 작곡하였는데, 이 두 사람이 다 세상을 떠나고 시간이 많이 흐른 뒤인 1839년에 전혀 다른 사람인 메이슨 박사가 헨델의 곡을 편곡하여 이토록 위대한 찬송가를 탄생하게 했으니 참으로 놀라운 일이 아닐 수 없다.

왓츠는 이 곡의 가사를 만들 때 "새 노래로 여호와께 찬송하라"로 시작되는 시편 98편을 신약의 관점으로 썼다. 우리의 죄를 사하시려고 오신 예수님의 탄생, 즉 구주의 탄생을 기뻐하자는 내용을 살리고자 한 것이다.

오라토리오 "메시아" 탄생의 비밀

오라토리오 "메시아"는 그냥 만들어진 것이 아니다. 헨델은 이 오라

　토리오를 작곡하기 위해서 2주에 걸쳐 온 열정을 다하여 금식 기도를 하였다. 그의 음악생활은 늘 하나님을 의지하고 있었다. 영국에서 나아갈 길을 열어 주신 하나님의 은혜를 그는 정확하게 기억하고 있었고, 이제는 자신이 주님을 위해 대작을 만들어 올려드리겠다는 마음으로 금식기도를 한 것이었다.

　우리가 잘 아는 사실이지만 헨델은 거대한 체구를 가진 사람으로 유명했다. 130Kg이 넘는 거구의 몸이 늘 무릎을 꿇고 장시간을 기도했으니 신체적으로 매우 견디기 힘든 일이었으리라는 것을 충분히 추측해 볼 수 있다. 때때로 기도를 끝내고 일어나지 못해서 주위 사람들이 옆에서 부축을 해서 일으켜 세웠다고 한다.

　헨델은 그 금식기도 중에 미세한 하나님의 음성을 들을 수 있었고,

메시아를 만드는 가장 기본이 되는 악곡들을 받을 수 있었다. 2주간의 금식기도가 끝난 후 그는 침대에서 요양을 하면서도 하나님께 받았던 음악적 테마들을 다 기억하고 있었고, 본격적으로 메시아를 작곡하면서도 수시로 무릎을 꿇고 기도를 하며 주님의 도움을 받으면서 작곡을 했다. 그리고 헨델은 오라토리오 "메시아"의 방대한 작업을 단 40일 만에 끝을 냈다.

이러한 사실들을 볼 때 위대한 음악가인 헨델의 마음속에는 하나님에 대한 순결한 사랑과 온전한 순종의 자세가 고이 간직되어 있었다는 것을 알 수 있다. 그래서 후세에 큰 칭송을 받게 되는 오라토리오 "메시아"가 탄생한 게 아닐까 한다. 하나님께서 순종하는 헨델을 너무 사랑하셨고 사람들의 상상 이상으로 크게 사용하신 것이다.

헨델은 74세에 하나님의 부르심을 받았는데, 명예스럽게 웨스트민스터 성당에 안장되었다.

G.F.헨델

J.S.바흐

I.왓츠

115장_통115

no.1

기쁘다 구주 오셨네

I. Watts 작사, G.F. Handel 작곡

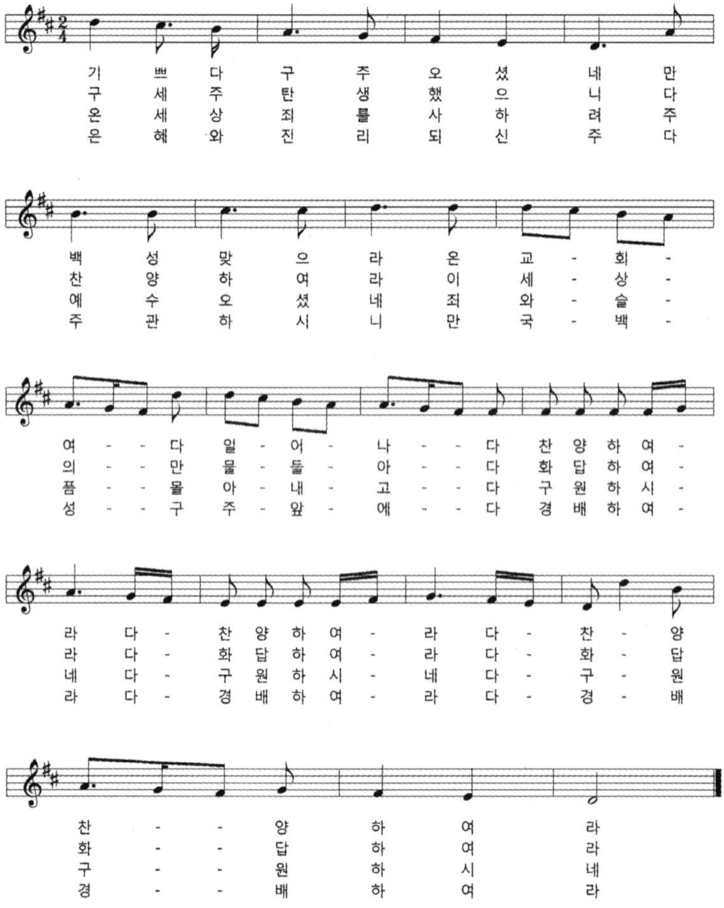

550장_ 통248

시온의 영광이 빛나는 아침

T. Hastings 작사, L. Mason 작곡

어려운 여건을 이겨 낸 소년

이 찬송의 작사가인 토마스 헤이스팅즈Thomas Hastings, 1784~1872는 1784년 10월 15일에 미국 코네티컷Connecticut 주의 매우 가난한 시골 의사의 아들로 태어났다. 그는 어려서부터 가정 형편이 어려워 남의 집에 가서 일을 도와주면서 자랐고, 집이 워낙 시골에 있어 그나마 있는 초등학교에 가기 위해서는 고생스런 등하교를 반복해야만 했다. 1796년에 집안 전체가 뉴욕으로 거처를 옮기기는 했지만 가난한 집안 형편은 전혀 바뀌지 않았다.

토마스는 최종 학력이 초등학교 졸업인데다가 늘 심한 피부병을 앓고 있었고, 지독한 근시여서, 책을 보려면 책을 눈에다 갖다 대고 읽어야 했다.

하지만 그에게는 두 가지 열정이 있었는데, 하나는 음악이었고, 또 하나는 교회에서 봉사하는 것이었다. 그의 음악적인 재능은 상당히 뛰어났지만 배움의 길로 나가지 못해 주위의 어른들은 매우 안타까워했다. 그러나 열악한 환경이 그의 음악적 열정을 무너뜨리지는 못했다. 그는 아무도 몰래 음악을 독학으로 공부하기 시작했고 이러한 노력으로 그가 18세이던 1802년에 드디어 교회의 성가대를 지휘하게 되었다.

교회를 제외하고는 사람들과 교제할 기회가 없었기 때문에 낮에는 농장이나 작은 가게에서 일을 해서 돈을 벌었고, 저녁에는 기도의 시간을 갖았으며, 밤에는 여러 곳에서 빌려 온 음악 교재들을 깊이 있게 공부했다. 결국 그의 열정적인 노력은 값진 결과를 낳게 되어 22세가 되어서는 음악 교사가 되었고, 32세가 된 1816년에는 찬송가집을 직접 출간하였다.

새로운 빛, 이스라엘 민족 해방의 감격을 그대로 옮기다

1831년, 헤이스팅즈의 나이도 이제 47세가 되었다. 언제나 은혜가 넘치는 삶이었지만 그도 이제는 나이가 들어서 원래 좋지 않았던 시력이 점차 악화되어 밤에는 창작 활동을 할 수가 없었다. 낮에는 빛이 있어서 어느 정도 사물을 분간할 수 있었지만 밤이 되면 눈을 감고 기도하는 것 외에는 어떠한 행위도 하기 힘들었다.

빛! 그것은 그에게 이제는 소중한 존재가 되었다. '주님! 주님을 위해 저를 더 쓰시겠다면 저에게 세상을 볼 수 있는 눈을 주십시오. 환한 빛을 주셔서 모든 것을 볼 수 있게 해 주십시오.' 그는 주님을 찬양하기 위하여 하고 있는 일들이 예전처럼 왕성하지 못함을 안타까워하고 있었다.

그런데 그때 헤이스팅즈에게 하늘로부터 오는 깨달음이 있었다. 세상을 비추는 태양 같은 사물의 존재가 있듯이, 구원받지 못하고 어둠

의 길을 헤매는 자들이 주님을 영접하고, 주님의 품으로 돌아오는 게 진정한 빛이라는 깨달음이었다. 또한 늘 마음에 사랑하며 품고 있던 성경 말씀 중 한 구절인 이사야서 9장 2절의 말씀이 입에서 저절로 흘러 나왔다.

"흑암에 행하던 백성이 큰 빛을 보고 사망의 그늘진 땅에 거주하던 자에게 빛이 비치도다."사 9:2

헤이스팅즈는 그 말씀에 근거하여 마음에 감동이 오는 대로 글을 써 내려갔다. 그리고 이스라엘 민족이 출애굽하는 장면을 상상하면서 모든 교회가 선교 활동을 통하여 어두웠던 세계에 그리스도의 밝은 빛을 비추어, 죄의 사슬에 묶였던 사람들이 그 사슬을 끊고 주님께로 돌아오는 아름다운 광경을 노래하고자 하였다

헤이스팅즈에게 또 중심이 되는 단어가 하나 떠올랐는데, '시온Zion' 이라는 단어였다. 시온은 예루살렘에 있는 거룩한 산 이름인데, 헤이스

팅즈는 이 단어가 이스라엘 민족을 상징하는 것이라고 생각하였다. 그리고 '시온'이라는 단어를 통해 '완성될 하나님의 나라'를 표현하고자 하였다.

> 시온의 영광이 빛나는 아침, 어둡던 이 땅이 밝아오네
> 슬픔과 애통이 기쁨이 되니 시온의 영광이 비쳐오네
> 시온의 영광이 빛나는 아침, 매였던 종들이 돌아오네
> 오래전 선지자 꿈꾸던 복을 만민이 다 같이 누리겠네

    그는 전체적으로 가사의 각 절을 완성하고, 하나님께 기쁨의 기도를 드렸다. 다음날, 이 가사에 맞는 곡이 있을까 하고 그동안 받아 두었던 곡들을 정리하기 시작했다. 그중에서 악보 하나가 손에 잡혔는데, 교회 음악을 위해 함께 일하는 '로웰 메이슨Lowell Mason'이 1년 전에 작곡을 해서 준 악보였다. 그래서 그 곡조에 맞게 가사를 조금 수정하여 마무리하였다. 하나님은 세상의 빛을 점차 잃어버리고 있던 헤이스팅즈에게 천국의 빛을 주신 것이다.

    힘이 넘치고 주님의 능력으로 가슴을 벅차게 만드는 이 찬송은 어둠에서 돌아오는 백성들의 모습이 감격적으로 잘 묘사되어 있다. 이 곡은 찬송가에 1832년이라고 표기되어 있는데, 이것은 책으로 편찬된 연도를 의미한다.

    또한 이 찬송의 작사가와 작곡가 두 사람 모두가 독학을 통해 음악 공부를 하여 박사 학위에 이른 공통점을 가지고 있다.

늘 겸손하게 살아가다

헤이스팅즈는 신체적 결함을 많이 갖고 있던 사람이었지만 무엇보다 그가 남달랐던 것은 인생의 목표가 매우 뚜렷하고 강했다는 것이다. 그 목표는 좋은 음악을 만들고 또 그것을 통해 모든 것을 하나님께 영광 돌리는 것이었다. 그뿐 아니라 그는 겸손한 성품을 가지고 있어서 자신의 작품에 이름을 기입하지 않았다. 오직 'K. L. F. F'라고만 표기했다.

헤이스팅즈는 로웰 메이슨과 40년 동안 찬송가 제작과 교회 음악의 수준 향상에 온 힘을 쏟았다. 찬송가 가사도 400편 이상을 작사했고, 50권이 넘는 작곡집도 함께 발간하였다. 겸손한 자세로 묵묵히 자신의 일에 최선을 다한 그는 1858년, 뉴욕시립대학에서 음악박사 학위를 수여하였다.

"시온의 영광이 빛나는 아침", 이 찬송은 힘이 넘치는 새날의 찬송이다. 이스라엘 민족이 노예생활로부터 해방된 환희의 찬가이며, 감격이 넘치는 찬송이다. 주의 민족이 억압에서 벗어나 참 자유를 얻는 모습을 그리면서 이 찬송을 불러 보자. 하나님의 자녀가 되었다는 것이 진정한 새 삶이고, 새날일 것이다. 예수님의 부활은 우리 모두에게 천국을 공개한 것이기 때문이다.

T.헤이스팅즈　　L.메이슨

550장_톡248 no.2

시온의 영광이 빛나는 아침

T. Hastings 작사, L. Mason 작곡

108장/114장_ 통113/114

그 어린 주 예수

J.T. McFarland 작사, J.E. Spilman 작곡

온유하고 겸손하신 예수님을 상징적으로 잘 표현한 이 곡은, 같은 가사에 두 가지 다른 멜로디로 작곡이 되어 찬송가에 모두 실려 있다.

이 곡은 개신교 혁명을 주도한 마르틴 루터Martin Luther가 작사한 것이 아님에도 최근까지 마르틴 루터가 이 곡의 작사자로 알려져 있고, 심지어 현재 사용하고 있는 일부 찬송가에도 루터의 작품으로 기재되어 있는 경우도 종종 있다. 이러한 오해가 생긴 이유는 1887년, 제임스 머레이James R. Murray, 1841~1905가 편찬한 어린이 노래집에 이 찬송이 "루터의 요람 찬송Luther's Cradle Song"이라고 표기되어 있기 때문이다.

하지만 이 곡은 19세기 말 펜실베이니아Pennsylvania의 한 익명의 작가에 의해 쓰인 것으로 밝혀졌고, 1,2절의 짧고 간단한 가사를 안타까워한 인디애나 출신 존 맥팔랜드John Thomas McFarland, 1851-1913 목사가 후에 3절 가사를 만들어 추가했다.

이러한 이유로 이 곡은 3절 가사와 1,2절 가사의 주제가 상이한 것이 재미있다. 1,2절은 예수님이 탄생하시는 순간의 상황들을 묘사하고 있는데 반해, 3절은 일반적인 하나님의 사랑을 주제로 작사했기 때문이

다. 1절과 2절 가사 "첫아들을 낳아 강보로 싸서 구유에 뉘었으니 이는 여관에 있을 곳이 없음이러라"는 누가복음 2장 7절의 말씀을 배경으로 쓰인 찬송시이고, 맥팔랜드가 새롭게 추가한 3절 가사는 "하나님은 교만한 자를 대적하시되 겸손한 자들에게는 은혜를 주시느니라"는 베드로전서 5장 5절의 말씀을 그 근거로 하고 있다.

먼저 108장통 113장 "그 어린 주 예수"의 경우, 이 곡의 원곡인 미국인인 조나단 스필만Jonathan Edwards Spilman, 1812~1896이 작곡한 "부드럽고 고요히 흐르는 앱튼강Flow Gently Sweet Afton"이라는 곡을 찰스 가브리엘Charles H. Gabriel, 1856-1932이 편곡하여 1892년부터 불리게 되었다. 스필만은 원래 유명한 변호사였는데 후에 목회자의 길을 걸은 사람이었다.

이 찬송의 원제목은 "Away in a manger"인데, 국내에서는 108장의 멜로디로 많이 부르고 있지만 미국에서는 114장의 멜로디로 누구나 즐겨 부르는 유명한 캐럴이 되었다.

우리나라에서는 1905년에 『찬성시』에 처음 소개되었는데, 베어드A. A. Baird 선교사 즉 '안애리' 여사가 번역을 하였다.

114장(통114) "그 어린 주 예수"에 관하여

이 찬송이 처음으로 모습을 드러낸 것은 1885년 북미의 복음주의 루터교회에서 출판한 『학교와 가정용 어린이 노래집』Little Children's Book for School and Families에서였다. 이 곡은 1885년 6월 16일에 판권 등록한 것으로, 원래 크리스마스용 찬송은 아니었고 '육아' 파트에 1, 2절까지만 실려 있었으며, 클락J. E. Clark이 작곡한 성 킬다Saint. Kilda라는 곡과 합쳐져 있었다.

그 다음으로 나타난 것이 1887년 5월 7일자로 판권 등록한 매사추세츠 출신의 제임스 머레이가 유치원과 학교와 가정용으로 편찬한 『어린 소년 소녀용 우아한 노래들』Dainty Songs for Little Lads and Lasses에서였다. 이 책에 실려 있는 루터의 "요람찬송가"Luther's Cradle Hymn에는 "마르틴 루터가 어린이용으로 썼으며 아직도 독일 어머니들이 그들의 어린이들에게 불러 주는 노래"라는 주석이 달려 있는데, 악보 위에 J.R.M.이라고 쓰여 있어 제임스 머레이가 작곡한 곡임을 나타내고 있다.

그 후 머레이가 1888년에 펴낸 노래집이나 1892년도 노래집에도 계속해서 이 곡을 실으면서 이 곡을 자신이 작곡한 것이라고 주장하였다.

하지만 머레이의 곡집에만 이 찬송곡이 그의 것이라고 되어 있을 뿐 다른 곡집에는 그의 곡이라고 인정되어 있지 않다. 사실상 주변 사람들은 그를 실제 작곡자로 대접해 주지 않았다. 머레이가 이와 유사한 곡들을 편곡한 것은 사실이지만 책을 펴낼 때마다 사장조로 했다가, 바장조로 다시 고치는 등 우왕좌왕하는 모습을 보였다. 그리고 이 곡 제목이 "뮐러Mueller"라고 되어 있는데, 이것은 별다른 근거가 없는 것으로 밝혀졌다.

그러나 결국 이 곡은 머레이의 곡으로 인정되어 지금까지 전해지고 있는데, 머레이는 보스턴에서 로웰 메이슨과 브래드버리로부터 음악을 배우고 찬송가 편찬자로 많은 일을 하였다.

스필만의
찬송집 표지

J.R.머레이

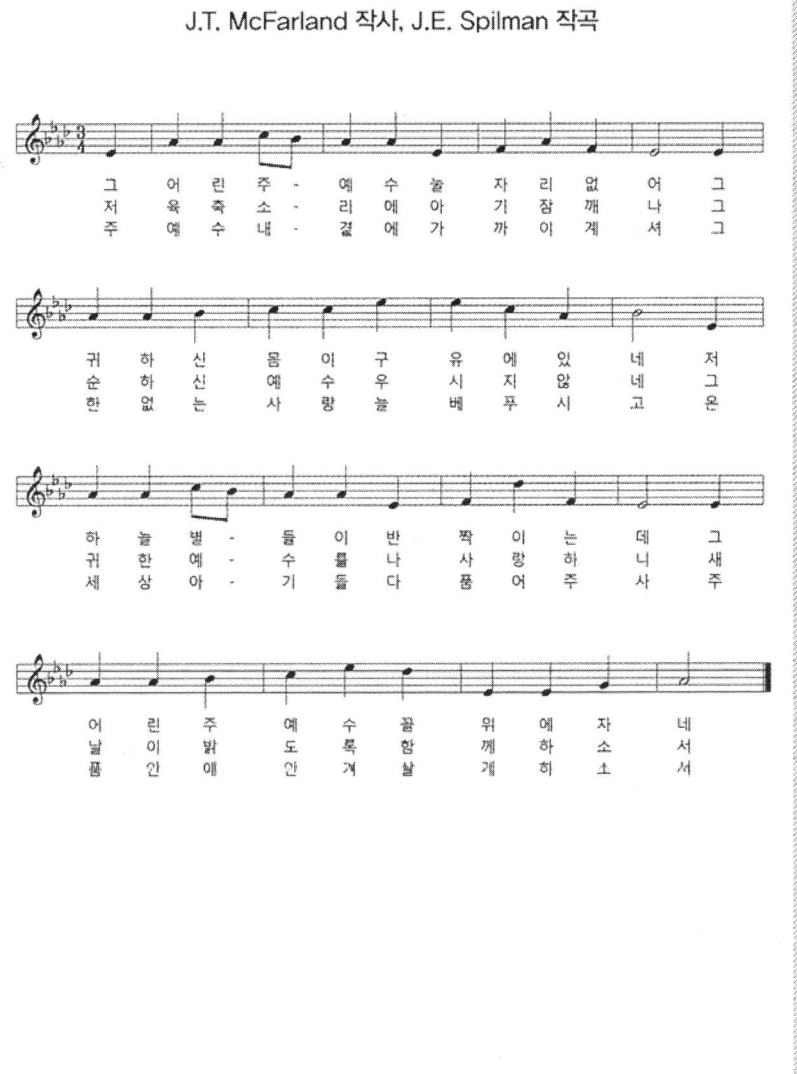

시온성과 같은 교회

J. Newton 작사, F.J. Haydn 작곡

하나님이 지으신 우리들의 교회를 사랑하자

    210장의 "시온성과 같은 교회"는 프란츠 요제프 하이든Franz Joseph Haydn의 현악 4중주 작품번호 62번 "황제Kaiser"이며, 1797년 2월 12일에 "신이시여! 프란츠 황제를 보호하소서Gott! erhalte Franz den Kaiser"라는 곡으로 황제의 생일 기념으로 헌정되어 초연되었던 곡이다.

    오스트리아 출신의 독일인인 히틀러Adolf Hitler는 아름답고 수려하다 한 이 곡을 매우 좋아하여 나치당의 파티 때마다 꼭 연주하게 하였다. 그러나 그 이유로 히틀러에게 핍박을 받았던 유럽의 여러 나라들은 이 곡의 연주를 꺼려하기도 한다.

    이 곡의 작곡적인 부분도 그렇고 화성학적인 부분도 당시에 하이든이 왜 천재 작곡가로 불릴 수밖에 없었는지 잘 알 수 있을 정도로 너무나 완벽한 곡의 형태를 지니고 있다. 무엇보다도 현악 4중주로 연주할 때 그 느낌이 가장 아름답다고 하겠다.

    이 곡은 영국의 국교회 목사이며 찬송시 작가였던 존 뉴턴John Newton, 1725~1807이 가사를 만들어서 1802년부터 찬송가로 불리게 되었다.

뉴턴은 "하나님의 성이여, 너를 가리켜 영광스럽다 말하는도다"라는 시편 87편 3절 말씀을 근거로 작사했다. 뉴턴 목사는 우리가 익히 잘 알고 있는 찬송 "나 같은 죄인 살리신"의 작사가이기도 하다. 그 곡은 미국의 전통 민요인 "Amazing Grace"에 찬송시를 만들어 붙여서 애창하는 찬송을 만든 것이다.

또한 뉴턴은 베드로가 "주는 그리스도요, 살아 계신 하나님의 아들이시다."라고 주님에 대해 고백한 내용을 바탕으로 이 가사를 만들었다고 한다. 예수님이 반석 위에 교회를 세우신다고 하심에 따라 음부의 권세가 반석 위의 교회를 절대로 이길 수 없다는 것을 주제로 한 것이다.

영국에서는 이 곡이 1802년에 '에드워드 밀러Edward Miller'의 성가집 Sacred Music에 처음으로 실려 세상에 알려지게 되었다. 우리나라에는 1931년 『신정 찬송가』에 처음 실려서 애창곡이 되었다.

독일 국가가 되다

이 찬송이 "오스트리아 찬송Austrian Hymn"이라는 제목으로 되어 있는 이유는 이 곡이 원래 오스트리아의 국가國歌였기 때문이다. 하지만 재미있는 일은 이 "시온성과 같은 교회"라는 찬송이 1990년부터 통일 독일연방국가의 국가國歌가 되었고, 오스트리아는 그러한 이유로 독일에게 자국의 국가國歌를 빼앗기게 되어서 지금은 "산의 나라, 강의 나라 Land der berge, Land am strome"라는 새로운 곡을 오스트리아의 국가國歌로 채택했다. 결국 이렇게 됨으로써 오스트리아 사람인 하이든은 모국이 아닌 다른 나라의 국가國歌를 작곡한 꼴이 되었다. 여기서 부연 설명을 할 것이 있는데, 이 곡에 대해 일부에서는 '남의 나라 국가를 찬송으로 부를 수 있는 것인가'라는 의견들이 있다.

또한 최근에는 해외교민들이 우리의 민요인 "아리랑"을 찬송으로 부르기도 하고 있다. 마찬가지로 기존의 알려진 기성곡에 찬송시가 더해져 찬송이 된 경우도 많은데, 예를 들면 찬송 "삼천리 반도 금수강산"도 이탈리아 작곡가인 도니제티의 오페라 "루치아"에 삽입되어 있는 곡이다. 우리가 사용하고 있는 찬송가만 해도 각국의 민요가 20곡이 넘게 실려 있다. 이러한 창작이 이루어진 이유는 뚜렷하고 강렬한 멜로디에 감동의 찬송시를 넣어 부르면 그 효과가 매우 컸기 때문이다. 찬송시에 걸맞은 작곡이 이루어지기 힘들다 보니 기존에 나와 있는 기성곡 중 가장 어울리는 곡조에 맞추어 가사를 만든 것이다.

대한민국의 국가國歌도 스코틀랜드 민요인 "올드 랭 사인Auld Lang Syne"에 맞추어 "동해물과 백두산이 마르고 닳도록~"이라는 가사가 만들어진 것이고, 이를 안타깝게 생각한 안익태 선생이 국가國歌를 후에 작곡한 것이다.

주가 친히 세우신 시온성과 같은 교회, 반석 위에 세우신 교회. 우리가 지금 섬기고 있는 교회를 사랑하는 마음이 넘칠 때, 이 찬송을 부르면 우리에겐 형용할 수 없는 큰 힘이 넘친다.

F.J.하이든

J.뉴턴

210장_통245

no.4

시온성과 같은 교회

J. Newton 작사, F.J. Haydn 작곡

시 온 성 과 같 은 교 - 회 그 의 영 광 한 없 - 다
생 명 샘 이 솟 아 나 - 와 모 든 성 도 마 시 니
주 의 은 혜 내 가 받 - 아 시 온 백 성 되 는 - 때

허 락 하 신 말 씀 대 - 로 주 가 친 히 세 웠 - 다
언 제 든 지 흘 러 넘 - 쳐 부 족 함 이 없 도 - 다
세 상 사 람 비 방 해 - 도 주 를 찬 송 하 리 라

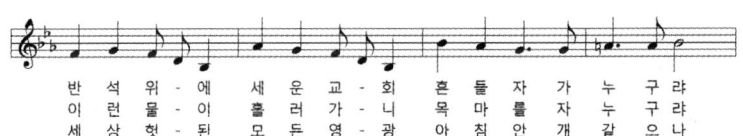

반 석 위 - 에 세 운 교 - 회 흔 들 자 가 누 구 랴
이 런 물 - 이 흘 러 가 - 니 목 마 른 자 누 구 랴
세 상 헛 - 된 모 든 영 - 광 아 침 안 개 같 으 나

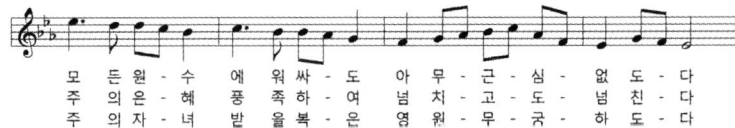

모 든 원 - 수 에 워 싸 도 아 무 근 심 없 도 - 다
주 의 은 - 혜 풍 족 하 - 여 넘 치 고 도 넘 친 다
주 의 자 - 녀 받 을 복 은 영 원 무 궁 하 도 - 다

알고 부르면 은혜로운 **찬 송 가**_ 35

64장_ 통13

기뻐하며 경배하세

H.Van Dyke 작사, L.Van Beethoven 작곡

버림받은 베토벤이 만난 하나님

찬송 "기뻐하며 경배하세"는 루드윅 반 베토벤Ludwig Van Beethoven, 1770~1827이 작곡한 제9번 교향곡 "합창"의 가장 마지막 부분이다.

이 곡에 얽힌 야사는 베토벤의 청년 시절에서부터 시작된다. 우리가 흔히 말하는 교향곡 "운명"의 작곡자인 베토벤의 아버지 역시 클래식 작곡가이면서 꽤 알려진 바이올린 연주자였다.

베토벤 아버지의 꿈은 아들이 하이든과 같은 훌륭한 작곡가가 되어 온 세상에 그 이름을 떨치는 것이었는데, 그 꿈은 거의 집착에 가까운 수준이었다. 아버지의 지극한 노력으로 어렵게 하이든에게 연락이 닿게 되었고, 드디어 작곡가 하이든에게 아들 베토벤의 실력을 테스트 받을 수 있는 기회를 얻게 되었다.

아버지는 자신의 꿈이 이루어지리라는 부푼 가슴을 안고 아들 베토벤을 데리고 하늘이 내린 작곡가라고 명망을 떨치던 당대 최고의 작곡가인 하이든을 찾아가게 되었다. 베토벤을 만나게 된 하이든은 차근차근 그의 재능을 테스트해 보았는데, 어린 베토벤은 너무나 큰 대가차

家를 만나 긴장한 탓인지 실력을 제대로 발휘하지 못하게 되었다. 그래서 결국은 엉뚱하게도 음악적 재능이 전혀 없다는 평가와 함께 절대 음악을 해서는 성공할 수 있는 아이가 아니라는 끔찍한 대답을 듣게 된다.

베토벤에게도 이러한 사실은 너무나 청천벽력 같은 소리여서 감당하기 힘든 상처가 되었다. 그러나 그보다도 더 큰 일은 베토벤 아버지의 꿈이 수포로 돌아가게 되었다는 사실이었다.

아버지는 그 분을 삭이지 못하고 집으로 돌아오는 길에 달리는 마차 안에서 문을 열고 아들을 마차 밖으로 발로 차서 돌밭으로 나뒹굴게 만들었다. 아버지는 "너는 이제 내 자식이 아니니 다시는 집에 들어오지도 말고 내 눈 앞에도 나타나지 마라."고 소리치며 베토벤을 버렸다.

우리가 잘 아는 사실이지만 베토벤이 혼자 살며 늘 부랑아처럼 다니던 일이 이때부터 시작된 것이다. 베토벤은 세상 어디에도 의지할 사람이 없어 외로움에 몸부림치게 되고 긴 방황을 하게 되었다. 그리고 의지할 사람이 단 한 사람도 없었던 이때 베토벤은 처음으로 하나님을 찾게 되었다. 베토벤이 유일하게 기댈 수 있는 존재는 하나님뿐이었던 것이다. 하나님의 위로를 받은 베토벤은 자신의 자리를 찾아가기 시작했다. 그러나 조금 안타까운 일은 이때 베토벤이 하나님을 영접한 것은 다행스러운 일이었지만 하나님의 품에 완전히 안기지는 못했다는 것이다. 베토벤이 사람을 만나면 먼저 의심부터 하게 되고, 대화 중에 괴팍스럽게 화를 낸다든지 대인관계가 원만치 못한 사람으로 살았다는 이야기가 지금까지 전해지는 이유는 바로 이러한 것 때문이었다.

가족도 없이 혼자 살던 베토벤은 자기 관리도 하지 않아서 많은 병으로 시달렸다. 매독이 주원인이 되었다는 설이 유력한 신경계 이상으로 인해 청력을 완전히 잃게 되었던 그는 말년까지 병마와 싸워야만 했다.

그의 삶을 돌아보면 그는 가족으로부터 버림받았고, 결혼은 물론 사랑도 이루지 못한 채 아픔만 간직하게 되었고, 친구들과도 잘 지내지 못했고, 베토벤을 필요로 하던 고관대작들도 베토벤을 이용만 하려 들었고, 일생동안 병마와 싸워 지내야했을 만큼 불행했다.

베토벤은 세상을 떠날 때 병상에서 동료 작곡가 친구들이 모인 자리에서 마지막 유언을 하게 되었는데, 그것은 바로 하나님을 위한 찬양곡을 단 한 곡도 작곡하지 못하고 세상을 하직하게 된 것이 많이 후회가 된다는 것이었다.

그러한 뜻을 기려 동료들이 베토벤의 기존 곡에 가사를 붙여 찬양곡을 만들게 되었고, 베토벤 사망 직후인 1828년경부터 모든 사람들이 부를 수 있게 찬양을 보급하였다. 그중 한 곡이 이 "기뻐하며 경배하세"인데, 지금 우리가 부르고 있는 이 찬송의 가사는 1907년에 미국의 장로교 목사인 헨리 반 다이크 Henry Van Dyke, 1852~1933가 매사추세츠 주의 윌리엄스 대학에 초청 설교자로 갔다가 버크셔 산맥을 보고 영감이 떠올라 가사를 만들었고, 그 가사를 윌리엄스 대학의 가필드 학장에게 건네주었는데 결국은 그 가사가 베토벤의 '환희의 송가'에 맞추어 불리게 되었던 것이다.

베토벤은 겉으로는 괴팍한 성격이었지만 속내는 여리고 여린 사람이었다고 하는데, 지금은 하나님의 나라에서 얼마나 많은 명곡들을 작곡했을지 궁금하다.

L.Van 베토벤   H.Van 다이크

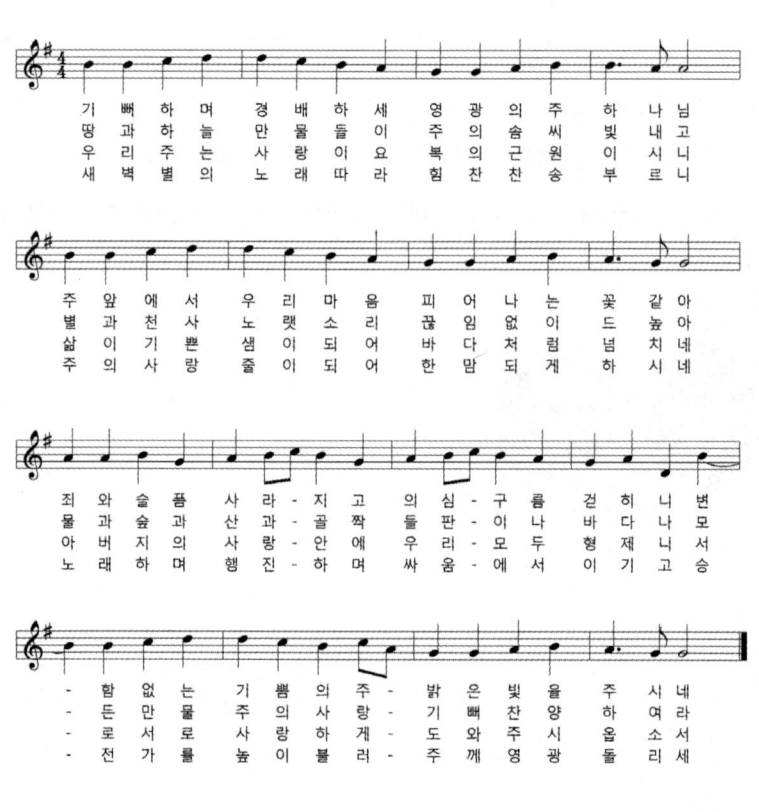

314장_ 통511

내 구주 예수를 더욱 사랑

E.P. Prentiss 작사, W.H. Doane 작곡

자식을 잃고 원망에 빠진 프렌티스

"내 구주 예수를 더욱 사랑"이라는 찬송은 엘리자베스 페이슨 프렌티스Elizabeth Payson Prentiss, 1818~1878 여사의 대표작 찬송시의 하나이며, 작곡자 윌리엄 하워드 도언William Howard Doane, 1832~1915이 1870년에 펴낸 그의 『헌신의 노래집』Songs of Devotion에 처음 실려 소개되었다.

프렌티스 여사는 27세 때 조지 루이스 프렌티스George Lewis Prentiss 목사와 결혼을 했다. 프렌티스 여사는 결혼한 지 11년 되던 해인 1856년, 당시 유행했던 무서운 전염병으로 두 자녀를 한꺼번에 잃게 되었는데, 평소 병마와 싸우고 있던 그녀로서는 견디기 어려운 시련일 수밖에 없었다. 평생 병약자로서 자신의 육체적 고통을, 믿음의 힘으로 승리하여야 한다는 것도 힘겨운 일이었던 그녀에게 사랑하는 자식들을 잃은 슬픔은 진실로 감당하기 어려운 아픔이었다.

그는 하나님께서 하시는 일에 관하여 이해해 보려고도 하였으나 도저히 이해가 되지 않았다. 이토록 큰 고통을 당해야 할 이유를 도무지 찾을 수 없었던 것이다. '하나님의 딸로서 살아가면서 굳은 믿음으로 조

금도 흔들림 없이 살아왔는데… 확고하며 독실한 신앙의 가정에서 자라나서 그가 가진 소중한 사랑과 충성으로 하나님을 따르고 봉사하며 사랑이 넘치는 크리스천 가정을 꾸려 나가고 있었는데… 하나님은 질투하시는 하나님이란 말인가?'

남편은 교회 목사요, 신학자로서 평생을 주의 일만을 하는 종이었으며 더욱이 프렌티스 여사의 부친은 성자같이 경건한 신앙생활을 하여 많은 사람들로부터 사랑과 존경을 받았을 뿐만 아니라 많은 성도들이 페이슨 박사의 이름을 어린이들의 세례명으로 받기 원할 정도였다. 그런데 도대체 무엇이 부족하여 이런 고통과 아픔을 당해야 하는지 알 길이 없었다.

그의 생각으로는 그가 걸어온 과거를 보거나 현재의 신앙생활을 보아 다른 사람에게는 어떤 어려움이 닥칠지라도 최소한 그녀의 가정만큼은 하나님께서 지켜 주시리라고 생각했었다. 이렇게 철석같이 믿었던 하나님이었는데 이런 어려운 일을 당하고 보니 배신을 당한 것 같은 생각마저 들었다. 몇 주 동안 그는 도저히 위안받을 곳이 없어서 의기소침해 있었는데, 교회 성도들이 찾아와 온갖 정성을 다해 이들을 위로하고 식사 준비하는 일과 가사 일까지 돌봐 주었다. 그러나 그녀는 도저히 큰 슬픔에서 벗어날 수 없었다. 프렌티스 여사의 하루하루 삶은 눈물이 마르지 않는 날의 연속일 뿐이었다.

말없이 슬픔을 참아 내는 남편의 모습

어느 날 프렌티스 목사 부부는 아이들의 묘를 다녀왔다. 그리고 그

날 저녁 프렌티스 여사는 남편에게 이렇게 이야기하였다.

"여보, 이제 우리는 무엇을 해야 한단 말입니까? 가정이라는 배는 파선에 이르렀고 희망은 여지없이 산산조각 났으며, 우리의 모든 꿈은 다 수포로 돌아갔는데 그저 묵묵히 앉아서 비판만 하고 앉아 있으란 말입니까?"

남편인 프렌티스 목사는 자신의 슬픔을 뒷전에 둔 채 "이번이 우리가 오랫동안 설교하고 가르치며 서로 믿어 온 바를 우리의 실생활에서 나타내는 좋은 기회가 아니겠소."라며 대답하였고, 이어 "하나님은 어려움에 직면해 낙심하고 있을 때 우리를 더 사랑하고 계시다고 하는 사실을 알아야 해요. 마치 우리 어린 자식들이 아프거나 괴로움과 번민으로 가득 차 있을 때 더 측은히 여기고 더 사랑하게 되듯 말이에요. 예수께서는 '세상에는 환난이 있으나 기운을 내고 용기를 가져야 한다. 내가 환난을 이겼노라'고 말씀하시지 않았소? 하나님이 우리를 징계하시기 위하여 고난을 보내시는 것이 아니며 주의 영광을 위하여 사용되고 연단이 되게 하기 위하여 주시는 것이라 생각해요. 그러니 이 기회가 우리에게는 좀 더 하나님께 가까이 갈 수 있는 좋은 기회가 아니겠소?" 프렌티스 박사는 이렇게 아내를 조용히 타이르는 것이었다.

　얼마동안 방 안은 무거운 침묵이 흐르고 있었고 프렌티스 여사는 깊이 생각하고 있었다. 자기의 아픈 심정 이상으로 아니 그 몇 배의 아픔이나 슬픔을 겪고 있는 남편이 신앙으로 승리하려고 애쓰는 모습이 너무나 역력했다. 자신이 갈구하는 것 이상으로 남편에게도 위로가 필요함을 엿볼 수 있었다. 아이들을 잃은 슬픔 속에서 아픔을 이겨 내지 못하는 아내를 위로해야 하는 그 괴로움, 꼭 같이 슬픔을 당한 성도들에게 위안을 주고 믿음의 선한 싸움을 싸워 이기도록 이끌어 줘야 하는 목자로서의 고달픔, 찢어지는 듯한 아픔 속에서도 흐트러져서는 안 되는 하나님의 종으로서의 태도. 이 모든 것들이 남편의 어깨를 짓누를 것을 생각한 프렌티스 여사는 꿋꿋이 이 아픔을 이겨 내는 남편을 볼 때 감탄하지 않을 수가 없었다.

하나님이 야곱의 모습을 보여 주시다

　늦은 시간에 심방을 다녀오겠다며 나가는 남편의 쓸쓸한 뒷모습을 보던 프렌티스 여사는 성경을 펼치고 하나님의 말씀을 보기 시작했다.

얍복강 가에 이르러 외로움에 쌓여 홀로 서 있던 야곱의 모습이 환상으로 보이기 시작하면서 그의 마음이 크게 움직이고 있었는데, 그 야곱의 모습이 현재 자신의 모습과 같아 보였다. 프렌티스 여사는 야곱이 그 쓸쓸하고 고독한 곳에서 하나님을 만나 새사람이 되어 새 출발한 것 같은 경험이 자신의 경험이 되기를 바라면서 마음속으로 간절히 기도했다. 그랬더니 그의 마음은 변화되기 시작했고 하나님을 원망하던 생각은 사랑하는 마음으로 바뀌었다. 자식을 잃고 몇 주간을 보내다가 주님의 말씀으로부터 오는 귀한 위로를 받은 프렌티스 여사는 이 찬송시를 써 나갔다.

> 한때 세상의 기쁨만 구했습니다
> 그곳에서 평안과 쉼을 찾았나이다
> 이제는 주님만 바라봅니다
> 가장 선한 것을 주옵시고
> 바로 이것이 내 기도가 되게 하소서

이렇게 4절의 시를 써 놓고 13년간 묻어 두었다. 1869년 남편 프렌티스 목사가 부인이 써 두었던 이 시를 처음 발견하고 13년 전 자녀를 잃은 슬픔을 딛고 지은 시임을 알고 깊은 감동을 받았다. 그 후 이 찬송시는 여기저기에 소개되었는데 윌리엄 도언이 한 팸플릿에 실린 이 찬송시를 읽고 큰 감동을 받았고 읽은 바로 그 자리에서 작곡을 끝냈다고 전해진다. 찬송시는 4절로 되어 있었는데 우리 찬송가에는 3절이 빠지고 1,2,4절만 의역되어 실려 있다.

세상에는 여러 가지 아픔이 있다고 하지만 전쟁, 자연재해 또는 질병 등으로 인해 자식을 먼저 보내는 부모의 아픈 마음을 따를 게 있을까? 이 찬송의 2절 가사가 더욱 마음을 아프게 한다. "이전엔 세상 낙 기뻤어도 지금 내 기쁨은 오직 예수." 자식을 잃고 그 아픔을 참아 내며 주님께 고백하며 일어서는 부모의 마음을 상상하며 이 찬송을 불러 보자.

W.H.도언

E.P.프렌티스

314장_통511

no.6

내 구주 예수를 더욱 사랑

E.P. Prentiss 작사, W.H. Doane 작곡

내 구주 예수를 더욱 사랑
이 전에 세상 낙 기뻤어 도
이 세 상 떠 날 때 찬 양 하 고

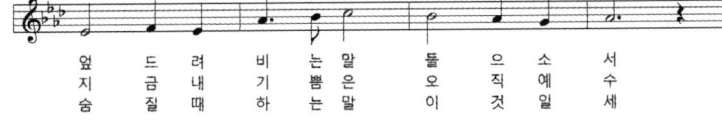

엎 드 려 비 는 말 들 으 소 서
지 금 내 기 쁨 은 오 직 예 수
숨 질 때 하 는 말 이 것 일 세

내 진정 소원이 내 구주 예수를
다 만 내 비 는 말 내 구 주 예 예 수 를
다 만 내 비 는 말 내 구 주 예 수 를

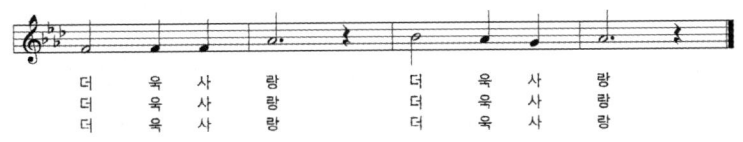

더 욱 사 랑   더 욱 사 랑
더 욱 사 랑   더 욱 사 랑
더 욱 사 랑   더 욱 사 랑

알고 부르면 은혜로운 **찬 송 가_** 47

549장_ 통431

내 주여 뜻대로

B. Schmolck 작사, C.M.von Weber 작곡

핍박받는 루터교회의 슈몰크 목사

유럽에서의 신교와 구교 간의 30년 종교전쟁1618~1648은 양자 간에 엄청난 인명과 재산 피해를 가져왔으며, 결국 잿더미 위에서 1648년 웨스트팔리아 평화조약The Peace of Westphalia을 체결했으나 신교와 구교와의 대립은 조금도 누그러지지 않았다. 유럽 여러 나라들 간의 전쟁터가 되었던 독일은 1600만 명이나 되던 인구가 600만 명으로 줄었고, 산업시설은 물론 삶의 터전도 모두 잿더미로 변해 버렸으며, 전쟁에서 겨우 살아남은 사람들마저 흑사병과 같은 전염병이 기다렸다는 듯이 그들의 목숨을 앗아가는 참으로 죽음이 횡횡하는 무서운 곳으로 변했다.

이 찬송의 작시자인 벤자민 슈몰크 목사Benjamin Schmolck, 1672~1737가 시무하던 실레지아silesia는 가장 치열했던 격전지의 하나로 전후의 고통이란 말로 다할 수 없는 상황이었다. 전후 로마가톨릭교의 반개혁파의 세력으로 인해 그곳의 루터교회들은 다 로마가톨릭교회로 돌아갔고 그 넓은 지역의 한 교회만 루터교회로 허용되었는데 그 교회는 지방의 유일한 통나무 움막이요, 흙벽의 교회였으며 종탑이나 종도 없었다. 그

평화조약에서 루터교는 도심지에 교회를 세울 수 없고, 성 밖에만 허용하되 로마가톨릭교회 신부의 승낙 없이는 그 지방 환자를 방문할 수도 없고 장례식도 치를 수 없도록 많은 제재조치를 가했다.

이 유일의 움막교회에 슈몰크 목사는 전도사 2명과 더불어 시무해야 했는데 대단히 어려운 목회 생활을 했다. 이들은 36개 마을이나 되는 광활한 교구를 단 한군데의 루터교회가 가톨릭교회 신부들의 눈치를 살펴가며 돌봐야 했다.

슈몰크 목사의 아버지도 루터파의 목사였고, 그러한 아버지의 대를 이어 슈몰크 목사는 목회의 길을 걷고 있었다.

믿을 수 없는 사고를 맞게 되다

두 부부가 성도들을 위해 심방을 한번 나가게 되면 구역은 넓고 특별한 교통수단이 없기 때문에 하루 온종일 걸려 깊은 밤중에 돌아오는 일이 빈번했고, 때때로는 며칠씩 집을 비우기도 했다. 그럴 때마다 불쌍하고 안타깝게도 집에는 어린 자녀들만 남아 있었다.

1704년의 어느 날, 슈몰크 목사 부부가 지친 몸으로 심방을 마치고 집에 돌아왔는데, 상상도 할 수 없는 일이 벌어진 것이 아닌가? 집이 화재로 숯덩이처럼 다 타 버리고 형체조차 제대로 남아 있지 않았던 것이다. 집이 다 타버린 것도 큰일이지만 도대체 집에 남겨져 있던 두 아들은 어떻게 된 것이란 말인가? 부부는 정신을 가다듬기도 힘든 상황에서 수위의 성도들과 함께 그 폐허가 된 잿더미를 파헤치면서 제발 아이들이 집에 있지 않고 어딘가 밖에 나가 있었기를 바라는 마음뿐이었다. 지금이라도 등 뒤에서 "이제 돌아왔어요." 하고 아이들이 나타나 주기만을 바라며 시커멓게 타 버린 집안을 뒤지고 있었다. 하지만 이내 부부의 바람과는 달리 그 잿더미 속에서 처참하게 불에 타서 죽은 어린 아들 형제가 나란히 누워 있는 것을 발견하고야 말았다. 주위에서는 충격의 비명 소리가 나고, 함께 도와주던 주위의 사람들도 오열하기 시작했다. 충격을 받은 슈몰크 목사 부부는 정신을 잃고 바닥에 쓰러졌고, 한참 후에 성도들의 안타까운 울부짖음 속에서 희미한 기운으로 깨어났다.

멍하니 정신을 한동안 차리지 못하던 부부는 꿈을 꾸고 있는 것 같았지만, 이 상황은 받아들일 수 없었다. 아이들의 해맑던 모습을 떠올리니 감당할 수 없는 슬픔이 밀려들고 이내 두 부부는 자식들을 잃은 아픔에 통곡하기 시작했다. 착하고 예쁘기만 했던 두 아들. 가난한 목회 생활로 늘 둘이서 빈집만 지키며 길 떠난 부모님이 돌아오기만을 기다리고, 무서운 밤이 되면 둘이서 서로를 꼭 붙들고 그 시간을 버티곤 했던 가련하고 불쌍했던 아이들.

슈몰크 목사는 하나님께 이 현실을 받아들일 수가 없다고 울부짖었다. 부인의 입에서도 하나님에 대한 원망과 탄식의 소리가 계속 나오고 있었다. 그녀는 '다른 일도 아니고 하나님을 알리고자 늘 충성하는 마음으로 멀고 먼 길을 불평 한 번 없이 심방을 하러 갔다 오고, 로마가톨릭 교회로부터의 핍박을 견디고, 가난하기까지 한 목회 생활에 불만 한 번 가진 적도 없고, 그렇다고 우리 아이들이 무슨 죄를 지은 것도 아니고… 도무지 내가 왜 이런 일까지 감당해야 하나' 싶은 생각이 들었다.

며칠이 지나도 마음을 추스르기가 힘들었고, 아무 일도 할 수가 없었다. 식사를 할 수도 없었다. 허탈감으로 주의 일을 하고픈 마음도 없

고, 죽은 아이들만 생각하면 그냥 눈물만 쏟아졌다. 안심이 되지 않아 두 부부를 찾아오는 주변 성도들의 위로도 들리지 않았고, 심지어 아내는 "하나님은 계시지 않아요! 살아 계신다면 이런 일이 일어날 수가 없어요!"라고 울부짖었고, 슈몰크 목사도 뭐라고 아내에게 대답할 힘도 없었다. 또 며칠이 지나자 아내는 주변 성도들에게 집에 찾아올 필요가 없으니 오지 말라는 이야기까지 했다.

십자가에 달리신 예수님을 보다

'도대체 나에게 왜 이런 일이 생긴 걸까?'

잿더미로 남은 교회 예배당 바닥에 앉아 있던 슈몰크 목사는 이제 교회 문도 닫고, 더 이상 자신이 감당하기 어려운 목회자의 사명을 다 내려놓는 것이 맞는 게 아닌가라는 깊은 생각에 빠져 있었다.

그는 하나님께 이 견디기 어려운 현실에 대해 물어보고자 이제 자신의 마지막 기도라는 마음으로 무릎을 꿇고 엎드렸다. 뜨거운 눈물을 쏟으며 울부짖는 소리로 기도하였다. 얼마나 긴 시간이 지났을까? 그가 절규하던 목소리도 점차 잦아들고 묵상의 기도로 하나님과의 단 둘만의 대화가 시작되었다.

이때, 하나님이 보여 주신 어떤 장면 하나가 그의 눈앞에 펼쳐졌다. 갈보리 십자가에 달리신 예수님의 모습이 정확하고 뚜렷하게 보이는 게 아닌가? 마가복음 14장 36절에 나오는 그 장면. 십자가에서 피를 흘리고 계시는 예수님이 "나의 원대로 마옵시고, 아버지의 원대로 하옵소서."라고 말씀하시는 소리가 생생하게 들리는 것이었다. 그는 오열을 하며 하나님께 매달렸다. 예수님께서 흘리시던 눈물이 피가 되는 기도와 같이 자기 자신도 같은 기도를 쏟아 낼 수밖에 없던 것이다.

긴 기도 끝에 하나님은 슈몰크 목사에게 새 마음을 주셨고, 그도 하나님의 따뜻한 손길을 확실히 느낄 수 있었다. 기도를 마친 후 슈몰크 목사는 불쌍하게 집을 지키던 착한 아이들을 하나님이 다시 주의 나라로 친히 데려 가셔서 잘 돌보아 주시고 계신다는 생각이 들었다.

그래서 그는 새 마음으로 다시 하나님의 사명을 이전보다 더 뜨거운 열정으로 잘 감당하였다. 이 날 기도했던 내용을 후에 요약해 두었는데, 그 기도의 내용을 그대로 담은 것이 찬송 "내 주여 뜻대로"이다.

내 주의 뜻대로 행하시옵소서
온몸과 영혼을 다 주께 드리니
이 세상 고락 간 주 인도하시고
날 주관하셔서 뜻대로 하소서

이 찬송 3절 후렴 "저 천성 향하여 고요히 가리니 살든지 죽든지 뜻대로 하소서"라는 가사에서 슈몰크 목사의 가슴 아픈 절규의 기도 소리가 들린다.

내 주여 뜻대로

"내 주여 뜻대로"는 클래식 작곡가인 칼 마리아 폰 베버Carl Maria von Weber, 1786~1826가 1820년에 작곡한 3막짜리 오페라 "마탄의 사수Der Freischutz"의 서곡에서 호른Horn으로 연주한 부분을 택하여 조셉 홀부룩Joseph P. Holbrook, 1822~1888이 찬송곡으로 편곡하였고, 1862년 찰스 로빈슨Charles S. Robinson의 『교회 찬미가』에 처음 실렸다.

슈몰크 목사가 "내 주여 뜻대로"의 가사로 쓴 독일어 가사 중 1절, 5절, 11절을 채택하여 스코틀랜드의 여류 번역 작가인 제인 보스윅Jane Findlater Borthwick, 1813~1897이 3절로 만들어 영어로 번역하였다. 그녀는 언니 새라Sarah Findlater Borthwick와 함께 소설을 발표하는 것 외에 독일 찬송가를 번역하는 일에 많은 성과를 냈는데, 1854년에는 독일의 찬송가들을 소개하면서 『루터의 땅에서 온 찬송』Hymns from land of Luther이라는 책을 발간하였다.

많은 어려운 일을 감당하던 슈몰크 목사는 1730년 사순절 주일에 과로로 쓰러졌는데 중풍으로 한동안 투병을 하였다. 슈몰크 목사는 어느 정도 회복이 된 후에도 오른손은 쓰지 못하였을 뿐 아니라 백내장으로 고생을 하다가 몇 번의 수술에도 불구하고 영원히 실명하였다. 결국 슈몰크 목사는 힘든 투병 생활 끝에 1737년 2월 12일, 65세의 나이에 주님의 부름을 받았다.

덧붙이는 이야기 하나

또 다른 이야기 한 가지는, 하나님의 위로를 받고 새 마음으로 무장되어 주의 일에 정열을 쏟는 슈몰크 목사의, 당시 새 출발을 위한 기도가 담겨져 있는 찬송이 있는데, 그것은 바로 찬송 333장통 381장 "충성하라 죽도록Sei getreu bis in den Tod"이다.

그가 쓴, 새 힘을 찾은 찬송 333장의 가사는 이렇다.

> 충성하라 죽도록 충성하라 주님께
> 슬픔이나 괴로움이 주의 사랑 못 끊으리
> 충성하라 죽도록 충성하라 끝까지

자식들의 죽음을 통해 아무리 어려운 일이 생겨도 슬픔이나 괴로움이 주님의 사랑을 끊을 수는 없다는 자신의 경험을 그대로 담았다. 이 곡은 작곡자가 미상인데, 영국 민요로 추정이 된다.

B.슈몰크

C.M. Von베버

내 주여 뜻대로

B. Schmolck 작사, C.M. von Weber 작곡

내 주여- 뜻 대- 로 행 하 시- 옵 소 서
내 주여- 뜻 대- 로 행 하 시- 옵 소 서
내 주여- 뜻 대- 로 행 하 시- 옵 소 서

온 몸 과- 영 혼을 다- 주- 께 드- 리 니-
큰 근 심- 중에도 낙- 심- 케 마 소 서-
내 모 든- 일 들을 다- 주- 께 맡 기 고-

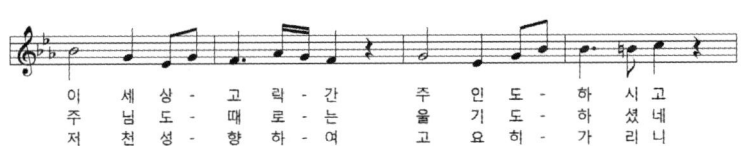

이 세 상- 고 락- 간 주 인 도- 하 시 고
주 님 도- 때 로- 는 울 기 도- 하 셨 네
저 천 성- 향 하- 여 고 요 히- 가 리 니

날 주 관- 하 셔서 뜻- 대 로 하 소 서
날 주 관- 하 셔서 뜻- 대 로 하 소 서
살 는 지- 죽 는 지 뜻- 대 로 하 소 서

540장_ 통219

주의 음성을 내가 들으니

F.J. Crosby 작사, W.H. Doane 작곡

맹인이 된 그녀를 말씀으로 키운 외할머니

생후 6개월 만에 의사의 오진으로 맹인이 되어 일생을 살았지만 찬송가 역사상 가장 빛날 뿐 아니라 8,000여 편의 많은 작품을 만들어 낸 페니 크로스비Fanny Jane Crosby, 1820~1915 여사는 아버지마저 일찍 돌아가셔서 어머니가 이웃집 가정부로 일하면서 가정의 생계를 책임질 수밖에 없었다. 그래서 크로스비는 외할머니의 손에서 성장하게 되었는데, 할머니는 독실한 크리스천이어서 앞을 못 보는 손녀에게 매일 성경을 읽어 주는 것을 양육의 근본으로 삼아 이것에 대다수의 시간을 할애하였다. 그런 이유로 크로스비는 구약과 신약 성경 전체를 외우게 되었는데, 특히 신약은 한 구절도 틀리지 않고 외울 정도였다.

결국 이러한 할머니의 정성 어린 말씀 사랑에 대한 배경이 밑바탕이 되어서 역사상 가장 위대한 찬송시 작가가 태어날 수 있었다. 말씀과 기도가 자녀에게 가장 크고 위대한 유산이라는 것은 더 이상 설명이 필요 없는 일이라는 생각이 든다. 그리고 크로스비는 맹인이었지만 누구보다 밝은 눈을 가지고 있었다. 하나님은 그녀에게 육의 눈을 못 보게 하셨지만 영의 눈은 누구보다도 더 밝게 하셨다.

도언의 집을 방문하게 되다

크로스비는 찬송 "날 사랑하심", "이 몸의 소망 무언가" 등을 작곡한 브래드버리William B. Bradbury, 1816~1868와 많은 작품을 함께 만들었는데, 그가 일찍 세상을 떠나서 그 이후에는 윌리엄 도언William, H. Doane, 1832~1915과 파트너가 되어 많은 작품을 만들게 되었다.

크로스비는 1874년에 뉴욕을 떠나 신시내티의 한 교회를 방문하게 되었는데, 그 교회에서 제공하는 숙소에 머물지 않고 그곳에 살고 있던 윌리엄 도언의 권유로 그의 집에서 2주 정도 지내게 되었다. 도언은 작곡가로도 유명했지만 큰 사업가로서 대단히 성공했기에 상당한 부를 축

적한 사람으로 익히 알려져 있었다. 그녀는 그 날 도언의 집에서 "가까이 계시는 하나님의 임재The Nearness of God"에 대해 긴 시간에 걸쳐 이야기를 나누면서 메모를 해 두었는데, 그날 밤 잠자리에 들지 못할 정도로 큰 은혜를 받아 침대 곁에 앉아 이 시를 정리하여 마무리하였다. 그리고 다음날 윌리엄 도언에게 이 시에 맞추어 작곡을 한번 해 줄 수 있겠느냐고 물었더니, 도언도 어제 그 이야기로 여러 말씀을 계속 생각하고 있던 중이었다고 대답을 해 주었고, 흔쾌히 바로 작곡을 해 보겠다고 했다. 그래서 "I am Thine나는 당신의 것입니다"라는 찬송이 탄생하게 되었다.

이 찬송은 이렇게 시작이 된다.

주의 음성을 내가 들으니 (나를) 사랑한단 말일세
(I am Thine, O Lord, I have heard Thy voice,
And it told Thy love to me)

그녀가 영안을 가지고 있었다는 것은 잘 아는 사실이었지만, 앞이 보이지 않아서 그녀는 더욱 청력이 발달할 수 있었다. 작은 주님의 음성을 늘 듣고 있으니 말이다.

가까이 끌어 주심을 소망한 그녀

후렴에서 강조되고 있는 것같이 "더 가까이"가 이 찬송의 주제이다. 이 찬송의 가사처럼, 살아 있는 성경을 통해 주님의 가르침과 위로를 받아들이고 주님의 십자가 앞으로 우리가 더욱 가까이 갈 수 있는 용기와 소망을 갖고 살아야 하겠다.

조금 아쉬운 것은 후렴구에 "내가 매일 십자가 앞에 더 가까이 가오니"라고 되어 있어서 내가 주체가 되어 가까이 나아간다는 뜻으로 번역이 되었는데, 사실 페니 크로스비가 쓴 원작에는 "Draw me nearer, nearer blessed Lord"라고 되어 있어서 하나님께서 주체가 되어 나를 가까이 끌어 주실 것을 원하고 있다는 것을 나타내고 있다. 다르게 말하자면 내가 나아가서 되는 일은 없다는 것이고, 하나님께서 가까이 끌어 주셔야만 된다는 것을 인정하는 것이다.

이 찬송은 히브리서 10장 22절 말씀인 "우리가 마음에 뿌림을 받아 악한 양심으로부터 벗어나고 몸은 맑은 물로 씻음을 받았으니 참 마음과 온전한 믿음으로 하나님께 나아가자."의 구절을 배경으로 만들어진 찬송이다.

이 찬송은 도언이 펴 낸 주일학교 노래집에 실리면서 1875년에 처음으로 세상에 공개되었다. 현재 우리가 사용하고 있는 찬송가(개역개정판 기준) 내에서만 페니 크로스비의 작품이 무려 21곡에 이른다.

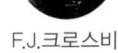

F.J.크로스비   W.H.도언

369장_ 통487

죄짐 맡은 우리 구주

J. Scriven 작사, C.C. Convers 작곡

뜻하지 않은 약혼자의 사고

조셉 스크라이븐 Joseph Medlicott Scriven, 1819~1886 은 1819년 아일랜드의 수도 더블린의 부유한 가정에서 태어나 비교적 평탄한 성장과정을 거쳤다. 청년이 되었을 때 그는 대대로 군인이었던 가문의 전통을 따라 직업군인이 되고자 하는 꿈이 있었지만 그의 허약한 체질과 쉽게 지치는 체력 때문에 어쩔 수 없이 명문 신학대학교에 입학하여 문학을 전공하게 되었고, 이 기간에 복음을 접하고 예수님을 영접하게 되었다.

그리고 대학을 졸업한 후 교직에서 학생들에게 문학을 가르치게 되었다. 스크라이븐이 안정되게 교직 생활을 하던 중 그의 마음을 빼앗아 버린 여인이 나타났는데, 그의 적극적인 구애 끝에 마침내 그녀와 사랑을 나누게 되고 결혼까지 약속하게 되었다. 그는 행복하고 멋진 결혼생활을 꿈꾸며 그녀와 웃음이 떠나지 않는 대화를 하면서 결혼 준비를 하였다. 그리고 마침내 기다리던 결혼식 날이 다가왔고, 결혼식 전날 친정 부모님께 마시막 인사를 드리기 위해 자신의 집에 들렀던 약혼녀가 스크라이븐의 마을로 돌아오고 있었다.

그녀 역시 착한 남편과 이루어 나갈 행복한 미래를 생각하며 즐거운 마음으로 말을 타고 오고 있었다. 스크라이븐도 들뜬 마음에 집에 있을 수 없어 이제나 저제나 하는 마음으로 강 건너편까지 나와서 그녀를 기다리고 있었다. 드디어 멀리 말을 타고 오는 그녀의 모습이 보였고, 스크라이븐은 어여쁜 천사가 오는 것을 본 것처럼 기뻐 소리를 질렀다. 마을 친구들까지 따라 나와서 그녀에게 소리를 지르고 정말 마을 사람 모두가 그녀를 환영하는 분위기로 동네가 시끌시끌했다. 강 위로 놓인 다리만 건너오면 그녀에게 입을 맞추겠다는 생각을 하고 있던 스크라이븐.

그러나 말 위에 올라 다리를 건너던 그녀가 다리 중간쯤에 다다랐을 때였다. 말이 갑자기 다리를 헛디디더니 미끄러지면서 펄쩍 몸을 세우는 게 아닌가? 말고삐를 제대로 잡고 있지 않던 그녀는 그만 강 아래로 떨어지고 말았다. 오히려 그녀가 물에 빠졌으면 다행이었을 텐데 불행히도 강에 있던 큰 바위에 떨어지면서 머리를 부딪쳤고 그만 의식을 잃고는 물에 빠져 손짓 한번 못하고 그대로 익사하고 말았다.

스크라이븐은 사고가 나는 동안 손도 제대로 써 볼 틈도 없이 강 건너편에서 멍하니 지켜만 봐야 했다. 그는 망연자실 털썩 주저앉았고, 마을 사람들은 힘을 모아 그녀의 시신을 건져 수습을 했지만 이미 그녀는 이 세상 사람이 아니었다. 그는 모든 것을 잃은 것 같은 마음에 말 한마디도 입에서 떨어지지 않았다.

'이게 도대체 어떻게 된 일인가?', '결혼식 전날 이런 일이 있을 수 있는 일일까?', '조금 전까지 나를 향해 웃어 주던 그녀가 정말 죽었단 말인가?'

그는 이후 식음을 전폐한 채 '하나님은 도대체 무엇을 하시는 분인

데, 하나뿐인 약혼녀를 지켜 주시지도 않는가?'라는 생각만 하고 있었다. 스크라이브 자신뿐만 아니라 가족을 비롯한 그의 주변의 모든 사람들에게 이 일은 매우 충격적이었다.

이 후 많은 시간이 흘러 그는 자기 자아에 대한 깊은 고민에 빠졌고, 위로를 받더라도 이 마을에서 떠나 다른 곳에 가서 위로를 받겠다는 생각을 하게 되었다. 그리고 결국 이 일은 그가 폴리마우스 브레드런Polymouth Breathren이란 신앙 공동체에 깊이 위탁하게 되는 계기가 되었다.

뜻하지 않은 두 번째 불행

그는 이 슬픔을 잊기 위해서 25살이던 1844년에 캐나다로 이민을 가게 되었다. 캐나다 온타리오 주에 정착한 그는 가난한 사람들에게 전 재산을 나누어 주고 무보수로 목공일을 하며 빈민가를 수리해 주었다.

사실 그는 무언가에 미쳐야만 그녀를 잊을 수 있다고 생각했다. 이런 그를 사람들은 괴짜라고 수군거렸지만, 성실함과 누구도 하기 싫어하는 일에도 온 정성을 쏟아 일하는 그 모습에 사람들은 점점 마음을 열기 시작하였다.

시간이 흘러 나이 36세가 된 1855년에 그에게 다시 사랑이 찾아오게 되었다. 기대도 하지 않았고 그럴 자신도 없었는데, 첫사랑 못지않은 불꽃같은 사랑에 빠진 그는 캐서린 로체Cathrine Roche라는 여인과 약혼을 하였다. 결혼을 하기 전에 그의 약혼녀인 캐서린은 세례를 받기로 하였고, 몸 전체를 물에 잠그는 침례를 받게 되었는데, 보리 추수가 끝이 난 계절이어서 날씨가 제법 추웠다. 캐서린은 몸이 아파서 쇠진해 있는 상태라 걱정이 되었지만, 어차피 받을 세례이고 침례교이면 당연히 물에 잠그는 것이 맞다고 생각하여 침례를 받았다. 그런데 그녀가 침례를 받은 후 갑자기 몸에서 한기가 돌고 여기저기가 아프더니 상태는 점점 나빠졌다. 그녀는 불행하게도 폐렴에 걸리고 만 것이었다. 스크라이븐은 결혼식을 연기하고 극진한 간호를 하면서 그녀가 건강을 찾기만을 바라고 있었다. 하지만 그의 눈물겨운 정성에도 불구하고 불과 4개월 만에 그녀는 약혼자를 남기고 세상을 떠나고 말았다. 스크라이븐은 이제 주님을 제외하곤 그 어디에서도 위로받지 못하였다.

'성자'의 칭호를 받으며, 박애주의자의 삶을 살다

이런 참기 힘든 비극 속에서 아일랜드에 계신 어머니가 중병에 걸리셨다는 소식까지 듣게 되었다. 고국으로 돌아갈 수 없는 상황에서 절망과 근심이 밀려오자 그는 침묵하여 무릎을 꿇었다.

그리고 긴 기도 후에 아프신 어머니를 위해 위로의 편지를 쓰기 시작하였고, 이 편지는 사랑하는 사람을 두 번씩이나 잃은 그가 예수님으로부터 받은 위로로 간증하고 있었음은 물론이고 자신이 어머니 곁에 없지만 어머니가 기도를 통해 병과 근심에서 벗어나기를 간절히 소망하는 시였다. 이 글이 후에 찬송 "죄짐 맡은 우리 구주"의 가사 1절과 2절이 되었다.

견뎌 내기 힘든 시련에도 불구하고 그는 독신으로 살면서 작은 교회에서 목회를 하며 전도자의 삶을 살았다. 있는 모든 재산을 여러 사람들에게 나누어 주고 그는 늘 남루한 차림으로 오직 전도에 힘쓰고 살았다. 그러한 이유로 많은 사람들로부터 심함 조롱과 업신여김을 당하였고, 심지어는 전도 중에 경찰에게 연행되기도 하였다. 그는 늘 톱을 들고 다니며 힘이 없는 노인들을 위해 열심히 장작을 만들어서 집집마다 갖다 주는 생활을 하였는데, 정말 온몸과 정성을 다하는 헌신으로 하나님을 기쁘게 하는 삶을 살았다.

이러한 생활 속에서 그는 매일 기도하며 하루를 마무리하였고, 자신이 느낀 바를 그대로 글로 옮겨 나머지 3절을 완성시켰다. "세상 친구 멸시하고 너를 조롱하여도 예수 품에 안기어서 참된 위로받겠네"는 어느 누구에게도 말을 하지 않았지만 그의 삶을 그대로 옮겨 놓은 간증이었다. 어머니를 위해 쓴 편지는 1855년에 쓴 것이며, 그로부터 3년 뒤 쯤 3절을 완성한 것으로 보이며, 이 전체 가사는 스크라이븐의 생애 말년에 그의 병상에서 발견이 되어 세상에 알려지게 되었다. 그는 1876년 57세 때 남편과 사별하고 혼자 살던 포터 Mrs. Porter라는 여인과 결혼하였고, 그녀가 마지막 10년을 병상에서 보냈던 스크라이븐을 곁에서 지켜 주었다.

마을 사람들이 세운 스크라이븐을 위한 시비

변호사이며 음악가였던 미국인 찰스 콘버스Charles Crozat Converse, 1834~1918가 1868년에 스크라이븐의 이 찬송시를 처음 접하게 되었는데, 이 찬송시의 첫 줄인 "죄짐 맡은 우리 구주 어찌 좋은 친구인지What a Friend we have in Jesus, all our sins and griefs to bear"를 읽는 순간 그 자리에서 감동이 일어나 바로 작곡을 하였다고 한다. 콘버스는 뉴욕 주 엘마이라Elmira, New York 시의 대학에서 공부를 하다가 1855년에 독일로 가서 플라이디Plaidy, 리히터Richter 등으로부터 음악교육을 받았다. 특히 그는 피아노의 거장이며 "헝가리 광시곡"의 작곡가로 유명한 리스트Franz von Liszt, 1811~1886와 친구처럼 지내며 상당한 친분을 쌓았다고 한다. 1861년에 법조인의 자격을 얻었으며, 1895년에는 알바니 대학Albany University에서 법학 박사학위를 얻었다. 그는 펜실베이니아 주의 에리Erie 시에서 법조인으로 활동을 하였는데, 이 찬송의 곡명이 "에리"인 이유는 그가 살던 마을 이름을 붙였기 때문이다.

스크라이븐이 살던 마을의 사람들은 건강한 체력을 가지지도 않은 그가 뜨거운 열정으로 하는 기도와 목회, 마을을 위한 일이라면 궂은 일을 마다하지 않았던 그에게 늘 감동을 받았고, 감사한 마음으로 살았다. 그러한 이유로 스크라이븐이 말년을 병상에서 보낼 때는 마을 사람 모두가 안타까워하고 미안한 마음을 품고 살았다고 한다. 그러한 마음을 담아 스크라이븐이 세상을 떠난 후에 마을 사람들은 온타리오 주 고속도로 변에 그의 시비를 세웠다. 이 시비에는 그를 "위대한 박애주의자며 신실한 그리스도인"이라 새겨 놓았고, 그 이름 아래는 이 찬송시 "죄짐 맡은 우리 구주"가 새겨져 있다. 국내에는 1908년에 편찬된 『찬숑가』에 150장으로 처음 수록되었다.

J.스크라이븐   C.C.콘버스

36P장_통487

no.9

죄짐 맡은 우리 구주

J. Scriven 작사, C.C. Convers 작곡

죄 짐 맡은 우리 구 주　어 찌 좋은 친구 지
시 험 걱정 모든 괴 로움　없 는 사람 누군 가
근 심 걱정 무거운 짐　아 니 진자 누군 가

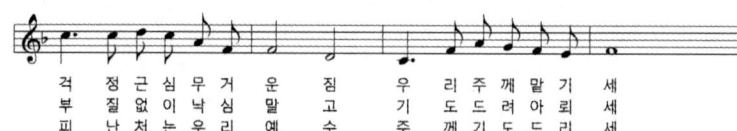

걱 정 근심 무거운 짐　우 리 주께 맡기 세
부 질 없이 낙심 말 고　기 도 드려 아뢰 세
피 난 처는 우리 예 수　주 께 기도 드리 세

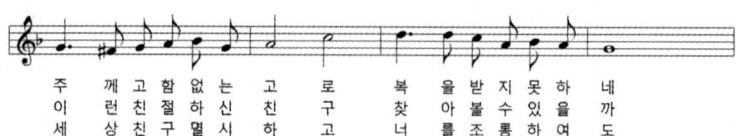

주 께 고함 없는 고 로　복 을 받지 못하 네
이 런 친절 하신 친 구　찾 아 볼수 있을 까
세 상 친구 멸시 하 고　너 를 조롱 하여 도

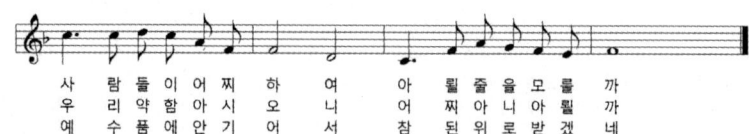

사 람 들이 어찌 하 여　아 뢸 줄을 모를 까
우 리 약함 아시 오 니　어 찌 아니 아뢸 까
예 수 품에 안기 어 서　참 된 위로 받겠 네

내 주는 강한 성이요

M. Luther 작사, 작곡

95개의 반박문을 발표하여 종교개혁을 이끌다

마르틴 루터1483~1546는 단순히 종교 개혁자로 알려져 왔으나 서양사를 깊이 관찰해 보면 그는 실로 근대 서구 문화의 창시자라 평가받을 만한 인물이다.

음악가인 바흐와 멘델스존Mendelssohn도 즐겨 불렀다는 찬송 "내 주는 강한 성이요"는 종교 개혁가인 마르틴 루터가 시를 쓰고 작곡한 곡이다. 1483년 독일에서 태어난 마르틴 루터는 광산의 소유자이며, 시의원으로 자수성가한 아버지의 야심과는 달리 성직자로 서원을 하였다.

1505년 어느 날 교회에서 나오다가 벼락을 맞는 체험을 하며 하나님을 만난 루터는 수도원에 들어가 진노의 하나님으로부터 구원을 얻기 위해 노력했으며 수도원에 들어가서도 그는 단순히 기도나 금식, 금욕 등을 흉내 낸 것이 아니라 진지하게 본질을 추구하며 하나님을 사랑하고자 하였다. 의심스러운 것은 부정하고 확실성에 이르고자 했던 것이 그의 젊은 시절의 삶의 주된 목적이었다.

엄격한 수도원의 규율도 거의 완벽하게 이행해 누구보다 빨리 정식

사제가 되며 인정을 받았으나 실제로 그의 삶은 영적으로 행복하지 못했다. 어떻게 하면 하나님께 흠 없는 완전한 헌신을 드릴 수 있을까? 어떻게 하면 의롭고 거룩하신 하나님을 기쁘게 할 수 있을까? 이 의문을 가질 때마다 고민하며 절망하였다. 그리고 곧 인간은 온전히 하나님을 사랑하거나 그분의 의를 만족시킬 수 없는 존재임을 깨닫게 되었다. 오직 복음을 통해 나타난 하나님의 은혜가 연약한 인간을 구원한다는 것도 알게 되었다. 그는 이러한 깨달음이 있은 후에야 하나님의 말씀에 심취하게 되었고, 중요한 종교개혁이라는 사명을 담당하게 되었다.

면죄부 판매에 항거하며 하나님의 교회를 지키고자 했던 루터

1517년 루터는 "믿음으로 의를 얻는다"라는 자신의 신앙에 근거해 면죄부를 비판하는 95개 조항의 반박문을 발표하고 비텐베르크 대학 정문에다 이를 붙였다. 이것이 종교 개혁 운동의 시작이었다.

독신주의를 비판하고 결혼의 신성함을 주장한 점에서 그는 매우 근대적인 인물이었다. 루터는 성직자의 결혼제를 창시한 사람이다. 루터는 결혼하고 자녀를 낳는 것은 하나님의 창조 질서에 순응하는 것이고, 반대로 결혼을 비방하고 수치스럽게 만드는 것은 악마가 하는 짓이라고 규정했다.

루터는 민주주의의 발전에도 아주 중요한 역할을 했다. 그는 종교와 정치의 분리를 주장하여 종교에 속박되어 있던 정치에 자율이라는 방향을 제시했다. 루터는 두 왕국론을 주장했는데, 두 왕국론이란 '하나님은 영적 왕국에서는 복음과 사랑을 통해 치리하시고, 세상적인 왕국에서는 법과 칼을 통해 치리하신다'는 것이다. 이 두 왕국은 하나님의 오른손과 왼손이긴 하지만 혼동되어서는 안 된다고 루터는 주장했다. 루터는 누구나 사제가 될 수 있다는 "만인 사제설"을 주장하였다. 이 주장이 바로 민주주의의 기초를 만들어 냈다는 큰 의미를 지니고 있다.

반박문을 발표한 뒤 목숨을 걸고 만든 찬송

루터 그는 또한 음악적인 재능과 문학적인 재능으로 많은 찬송가를 만들었다. 또한 신성로마제국 황제가 독일 제후국들에게 로마가톨릭식 예배를 강요했을 때 이에 굽히지 말고 싸워 나갈 것을 독려하는 데 열정을 쏟았다.

루터가 56세이던 1529년에 이 찬송이 만들어진 것으로 전해지지만 이것은 찬송가로 편찬된 연도이고, 실제 작곡은 그 이전인 1517년 반박문을 발표한 직후인 것으로 추정된다. 그는 이미 목숨을 건 일을 진행하는 자기 자신의 소신을 담아 "내 주는 강한 성이요"라는 찬송을 만든 것이다. 이 곡은 시편 46편을 근거로 만들어진 찬송이라고 알려져 있지만 내용이 꼭 들어맞지는 않고, 확실한 것은 그가 늘 사랑하던 구절이고 이 곡을 만들게 된 계기를 준 말씀이라는 것이다.

고백과 소망을 담은 가사

우리가 사는 인생이 사탄과의 끊임없는 영적 전쟁이라는 생각을 늘 가지고 살았던 루터가 가장 좋아하고, 힘들 때마다 늘 위로받는 성경 구절이 바로 "하나님은 우리의 피난처시요"로 시작되는 시편 46편이었다고 한다.

이 곡은 루터가 만든 37편의 찬송 중에 가장 대중적인 찬송이다. 독일의 민요 형식을 많이 띠고 있는 이 곡을 보면 중간에 '늘임표(페르마타)'가 있는데, 원곡에는 이 표시음악 기호가 없다.

또한 이 곡은 1969년 3월, 미국 34대 대통령이었던 아이젠하워 Dwight Eisenhower, 1890~1969 장례식에서 장례에 참여한 모든 사람들이 아이젠하워를 보내며 함께 불렀던 찬송으로 더욱 유명해진 곡이기도 하다.

독일어 원제인 "Ein' feste Burg ist unser Gott(강한 성은 우리 하나님이시다)"를 미국의 헷지 Frederic H. Hedge 목사가 1852년에 처음 영어 A mighty fortress is our God로 번역한 것으로 전해진다. 또한 이 곡은 바

흐의 칸타타 80번(종교개혁)에 사용되었고, 멘델스존의 교향곡 5번에도 사용되었으며, 독일 작곡가 마이어베어Giacomo Meyerbeer의 오페라 "위그노 교도Les Huguenotes"에도 이 곡이 사용되었다.

우리는 이 시점에서 그가 만든 가사를 다시 한 번 되새겨 보았으면 한다. 절대 권력을 누렸던 교회가 면죄부를 판매하면서 점차 타락하였고, 주님의 신성한 교회가 더럽혀지고 있다는 생각으로 안타까워했던 루터는 1절 가사에 이런 상황을 사실적으로 표현하고 있다.

옛 원수 마귀는 이때도 힘을 써,
모략과 권세로 무기를 삼으니 천하에 누가 당하랴

또한 주님이 안 계시면 영적 전쟁의 승리는 있을 수 없다는 내용과 그가 늘 주장했던 예수 그리스도만이 구원의 길이라는 것을 2절에서 나타내고 있다.

내 힘만 의지할 때는 패할 수밖에 없도다
힘 있는 장수 나와서 날 대신하여 싸우네
이 장수 누군가 주 예수 그리스도 만군의 주로다
당할 자 누구랴 반드시 이기리로다

사탄의 힘으로 쇠퇴와 몰락의 길로 가고 있는 교회를 향해 루터는 3절에 외치고 있다.

> 친척과 재물과 명예와 생명을 다 빼앗긴 대도
> 진리는 살아서 그 나라 영원하리라

    자신의 생명을 걸고 일으킨 종교개혁. 우리 주 예수 그리스도만이 살 길이라는 확고한 의지를 가지고 모두 앞에 서서 그 진리를 표명하고 있는 당시 루터의 모습을 상상해 보자. 루터의 뒤에 하나님의 임재하심을 볼 수 있다. 그리고 우리도 '루터의 마음이 어땠을까' 생각하면서 영적으로 둔화되는 것을 떨쳐 버리고 그의 모습을 본받았으면 한다.

    이 찬송은 본래 4절까지 있으나 우리나라의 찬송가에는 3절까지만 나와 있는데 우리가 부르고 있는 지금의 3절의 전반부가 원곡의 3절 가사이고, 3절의 후반부는 원곡의 4절 중 후반부를 번역한 것이다.

    여기서 구약의 중심인물인 모세처럼 강인하고 굳은 의지로 종교개혁을 일으킨 성직자 마르틴 루터가 어떻게 정통 클래식의 대가들과 비교해도 손색이 없는 작곡을 할 수 있었을까 하는 의문이 생긴다. 그 의문에 대한 긴 생각 끝에 얻은 대답은 하나님이 재주를 주시면 어떠한 것도 가능하다는 결론이다. 물론 다른 답이 있을 수도 있겠다. 왜냐하면 하나님께서 루터의 손을 빌어 직접 작곡하신 것일 수도 있기 때문이다.

M.루터

585장_통384

no.10

내 주는 강한 성이요

M. Luther 작사, 작곡

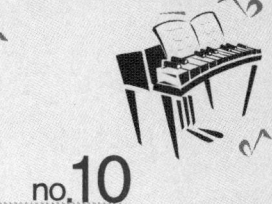

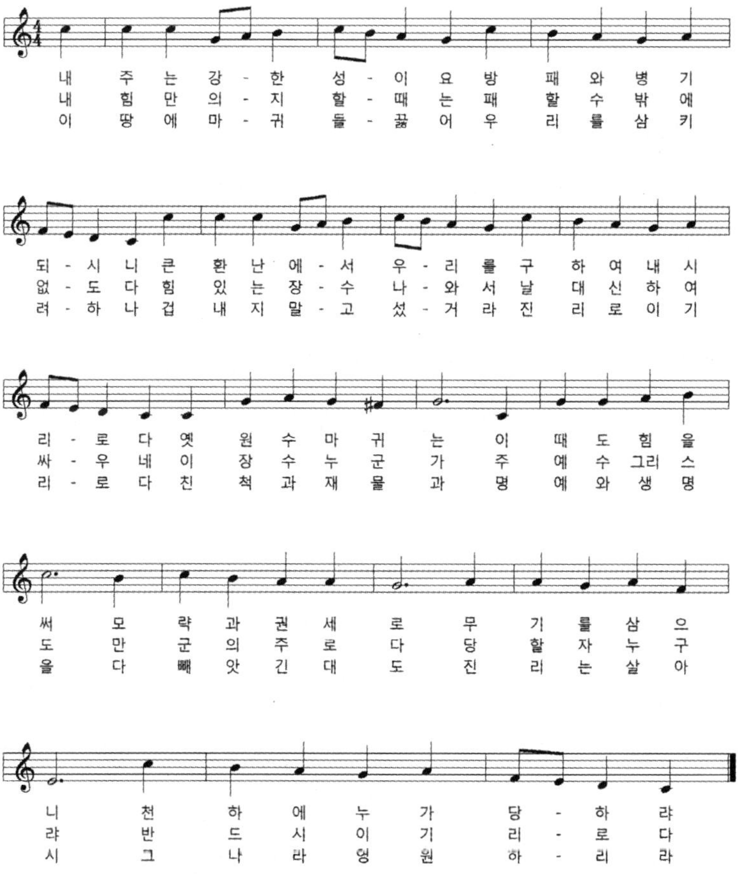

542장_ 통340

구주 예수 의지함이

L.M.R. Stead 작사, W.J. Kirkpatrick 작곡

눈앞에서 남편이 사고를 당하다

　루이자 스테드Louisa M.R. Stead, 1850~1917 여사는 1850년 영국 도우버Dover에서 태어나 9살에 예수님을 구주로 영접하였다. 그녀는 선교사의 꿈을 갖고 21살이 되던 1871년에 미국으로 건너와 오하이오 주 신시내티에서 살게 되었다. 어느 날 얼바나Urbana에서 열린 영적 부흥회에 참석해서 "선교사가 되라"는 강력한 주님의 음성을 다시 한 번 듣고 선교사가 되기로 결심했다. 그래서 중국으로 선교를 가기로 작심하고 준비를 하였지만, 그녀의 건강이 너무 허약해서 주위에서 도무지 선교지로 그녀를 보낼 수가 없었다. 결국 그녀는 건강상의 이유로 선교지에 가지 못하게 되었다.

　이 후 그녀는 지극히 평범한 삶을 살게 되었고, 1875년 자상하고도 그녀의 마음을 누구보다 잘 이해해 주던 청년 스테드와 만나 결혼하고 사랑스런 딸을 낳으면서 큰 탈 없이 행복한 가정을 이루게 되었다.

　1879년 화창한 어느 휴일, 그녀의 가족은 다 같이 뉴욕 주의 롱아일랜드Long Island로 여행을 가게 되었는데, 한가롭게 일광욕을 즐기며

점심을 먹던 그들에게 갑자기 어디선가 비명소리가 들리기 시작했다. 그들이 달려간 곳에는 한 소년이 물에 빠져 있었고, 이 광경을 본 남편은 소년을 구하기 위해 조금의 망설임도 없이 물속으로 뛰어 들었다. 그런데 소년을 건져 내려던 남편이 그 소년을 잡자마자 소년이 살고자 하는 마음에 남편의 머리를 같이 붙들고 놓지 않는 게 아닌가? 구경하던 모든 사람들이 소리를 지르고 어쩔 줄 몰라 하던 사이, 그것이 그만 남편의 마지막 모습이 되어 버리고 말았다. 서로를 끌어안은 채 물에서 발버둥을 치던 두 사람 모두가 익사하고만 것이다.

주님의 응답을 받고 선교사로 나서다

눈앞에서 남편의 죽음을 보게 된 스테드 여사는 충격에서 헤어 나올 수가 없었다. "왜 내게 이런 일이 일어나는 건가요?" 원망과 슬픔에 빠진 그녀는 하나님께 울부짖기 시작했다. 그런데 며칠 동안 눈물로 기도하던 그녀의 마음속에 뚜렷한 문장이 떠올랐다. '예수님을 신뢰할 때 큰 기쁨이 있다.It is so sweet to trust in Jesus' 이해할 수 없는 현실의 고통 속에서 하나님을 신뢰하고 의지하는 것은 어려운 일이었지만, 그녀는 기도 중에 떠오른 그 문장을 하나님이 주신 약속으로 믿고 붙들었다.

그 후 스테드 여사는 어린 시절 자신이 선교사가 되기로 꿈을 꾸던 기억을 떠올리며 소망을 품었고, 결국 30세가 된 1880년 남아프리카로 파송되어 온 정성을 다해 15년간 선교사로 헌신하였다.

그녀는 남편을 잃고 오지로 와서 낯선 얼굴들과의 만남을 통해 또 다른 하나님의 역사하심을 접하게 되었고, 그간의 일어났던 일과 이곳에 보내신 하나님의 목적을 생각하게 되었다. 그리고 그 감정을 그대로 담아서 쓴 찬송시가 "구주 예수 의지함이It is so sweet trust in Jesus"이다.

그 가사를 한번 음미해 보자. 1절은 그녀가 선교지에 와서 느꼈던 감사함과 선교에 대한 굳은 의지가 묻어난다.

구주 예수 의지함이 심히 기쁜 일일세
영생 허락 받았으니 의심 아주 없도다

그간의 그녀가 겪은 모든 어려움과 부르심을 통해 받은 은혜가 담긴 후렴구는 "예수, 예수 믿는 것은 받은 증거 많도다. 예수, 예수 귀한 예수 믿음 더욱 주소서."로, 여기서 표현한 "I've proved him over and over받고 또 받은 증거 많도다"는 모든 기쁨과 슬픔 모든 것이 다 그녀에겐 은혜였다는 의미이다.

그리고 그녀는 그곳에서 헤쳐 나가기 어려운 선교의 길에 많은 도움을 주었던 워드하우스Robert Wodehouse와 만나 재혼하였다. 1895년에 그녀는 15년간의 선교사 생활을 정리하고 건강상의 이유로 다시 미국으로 돌아오게 되었고, 치료와 요양을 통해 건강을 회복하게 되었다. 그리고 6년 뒤인 1901년에 다시 아프리카 남부의 로디지아Rhodesia, 현재 짐바브웨로 선교를 떠났고, 16년 동안 문화가 낙후되고 주님을 모르는 그곳 사람들에게 하나님을 전하고자 열과 성의를 다한 선교 생활을 하다가 주님의 부르심을 받았다. 익사 사고로 사망할 때 그 현장에 있었던 딸Lily은 이 후 카슨D. A. Carson과 결혼하였고 어머니의 뜻을 따라 선교사가 되었다.

오지의 땅, 아프리카에 찬양을 남기다

이 찬송 "구주 예수 의지함이"를 작사한 시점은 확실치가 않은데, 찬송가 "주 안에 있는 나에게", "너 예수께 조용히 나가", "오 놀라운 구세주" 등의 훌륭한 곡들을 많이 작곡하여 유명해진 윌리엄 커크패트릭William J. Kirkpatrick, 1838~1921이 작곡하여 1882년에 처음 소개한 것으로 보아, 스테드 여사가 아프리카 선교지로 파송된 직후에 작사를 한 것으로 추정된다.

1917년 그녀가 선교지에서 세상을 떠났을 때 그녀의 동료 선교사들은 이렇게 말했다. "우리 모두가 그녀가 떠났다는 사실이 믿기지 않고, 지금도 그녀를 너무나 그리워하고 있습니다. 그러나 이곳의 원주민들이 그녀가 남긴 찬송을 그들의 모국어로 부르고 있는 것을 보면 여전히 그녀의 흔적은 많이 남아 있습니다." 고난 중에 예수님을 의지하며 더 큰 믿음을 구했던 그녀의 고백은 기쁨으로 변하여 선교지의 영혼을 살리고 수많은 이들을 일으키는 찬양이 되었다.

그녀는 1917년 1월 18일에 하나님 곁으로 돌아감으로써 하늘의 위로를 받을 수 있게 되었는데, 그녀를 통해 구원을 받은 많은 이들이 애통해하는 가운데 선교지였던 짐바브웨의 펜크리지Penkridge에 묻혔다.

W.J.커크패트릭

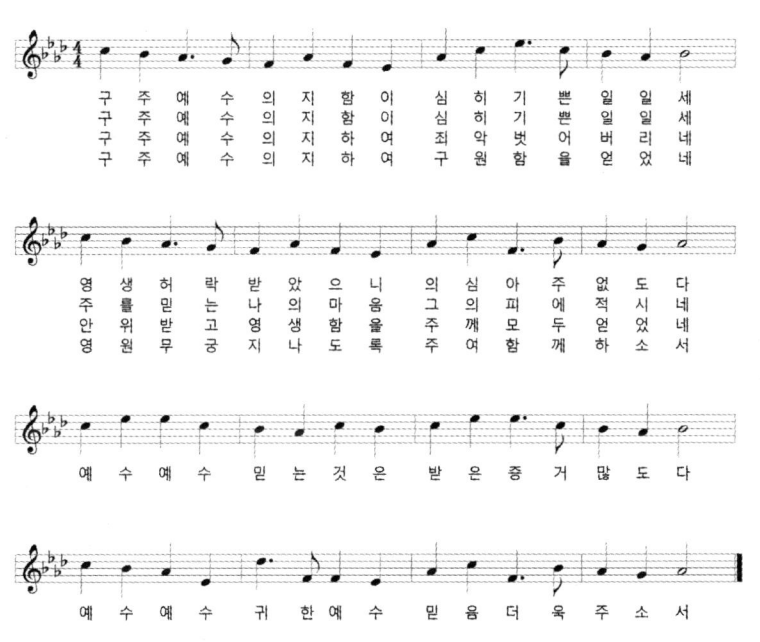

442장_ 통499

저 장미꽃 위에 이슬

C.A. Miles 작사, 작곡

사랑하는 친구 애덤 가이벨

찰스 오스틴 마일즈Charles Austin Miles, 1868~1946는 1868년 1월 7일, 뉴저지 주의 레이크허스트Lakehurst, New Jersey에서 태어났다. 그는 어렸을 적부터 음악적 재능과 시적 재능이 매우 풍부했으며, 성장해서는 필라델피아 대학에서 약학을 공부하였고, 졸업한 후에는 약국을 경영하면서 아마추어 사진작가로도 활동을 하였다.

이 마일즈에게는 애덤 가이벨Adam Geibel, 1885~1933 박사라는 음악 출판업을 하는 친구가 있었는데, 이 가이벨 박사는 1885년 독일에서 태어나 온 가족이 신앙의 자유를 얻기 위해 일찍 미국으로 이민을 갔다.

가이벨의 나이 8세 때, 치유하기 힘든 안질을 앓게 되었고 결국 완전히 실명을 하여 앞을 못 보게 되고 말았다. 그러나 그는 타고난 음악적 재능과 어렸을 때 받은 교육으로 찬송곡과 성가곡을 많이 작곡하였고, 가이벨음악출판사를 운영하면서 미국의 종교음악에 많은 기여를 하였다. 가이벨 역시 맹인 작사가인 페니 크로스비처럼 육신의 눈은 잃었지만 영적인 눈을 뜨고 모든 것을 신앙의 힘으로 이겨 낸 점은 서로

가 매우 흡사하다고 할 수 있다. 그는 마일즈에게 늘 신앙적인 힘을 불어넣었고, 마일즈도 그의 권유로 하나님을 찬양하는 찬송곡을 만드는 데 많은 영향을 받았다. 앞을 보지 못하는 친구의 영적인 체험을 늘 들으며 마일즈도 그런 감동을 음악으로 옮기는 작업을 하는 것을 큰 사명으로 알았다.

친구가 사랑하던 사위를 잃어버리다

가이벨에게는 사랑스럽고 귀한 딸이 하나 있었는데, 그 딸이 진실한 남자를 만나 결혼을 해서 단란한 신혼 생활을 시작한 지 6개월 정도

되었을 때였다. 가이벨의 사위가 근무하는 제철회사에서 뜻하지 않은 사고가 발생했다. 그 사고는 가열 중이던 용광로가 폭발하여 여러 명이 사망하는 사고였다. 가이벨과 딸은 그 사고소식을 듣고 혹시나 하는 마음으로 사위의 회사로 달려갔는데, 사위가 용광로 근처에 있다가 사고로 인해 사망하였다는 소식을 듣게 되었다. 딸은 사고현장 그 자리에서 실신을 하고 말았고, 가이벨은 도대체 왜 나에게, 또 우리 딸에게 이런 일이 생기는지 이해할 수 없었다.

가이벨은 사위를 정말 아들처럼 사랑하였고 그 사위도 가이벨을 친부처럼 따랐다. '신앙심이 깊은 착한 청년 크리스천이었고, 회사의 경영진이 너무나 아끼는 장래가 촉망되는 매우 믿음직한 젊은이였는데, 한참 좋은 나이에 이런 사고를 당하다니…' 과연 하나님의 뜻은 어디에 있는지 도무지 이해할 수 없었다.

삶의 목적을 찾을 수 없는 충격과 시련에 빠진 가이벨은 친구인 마일즈를 찾아오게 되었고, 모든 비통한 마음을 친구에게 다 쏟아 놓았다. 마일즈도 마음이 너무 아파 함께 울며 흐느껴 우는 친구를 그냥 안고 있을 뿐이었다. 한참 시간이 흐른 뒤 가이벨은 마일즈에게 비통함과 슬픔에 빠져 있는 자신의 가족들을 위해 위로의 시 한 편을 써 달라고 부탁하였다.

마리아에게 모습을 보이신 예수님을 보다

친구인 가이벨은 집으로 돌아가고 친구가 부탁했던 시 한편에 대해 깊은 생각에 잠겨 있던 마일즈는 그의 사진 암실에 들어가서 조용히 앉아 짧은 기도를 마치고 성경을 펼쳤다. 평소에도 가장 좋아하던 성경구절인 예수님이 부활하시고 막달라 마리아에게 모습을 보이신 요한복음 20장을 펼친 그는 말씀 속으로 깊이 빠져 들게 되었다. 그리고는 부활하신 예수님과 마리아가 만나는 장면의 환상이 나타나면서 마치 자신이 그 현장에 있는 것 같은 분간하기 힘든 상황에 젖어들었다. 예수님의 무덤 앞에 서서 슬피 울던 마리아가 주님 앞에 무릎을 꿇고 "랍오니여!"라고 부르짖던 극적인 순간에 대한 말 없는 증인이 되어 버린 것이다. 마리아에게 다가와서 "마리아야~."라고 부르던 예수님의 한 마디 잔잔한 음성. 그것은 깊은 슬픔과 모든 것을 잃어버린 것 같은 상실감으로 무너진 마음을 일으키는 음성이었다.

마일즈는 예수님과 함께 친구가 되어 이른 새벽부터 밤늦도록 동산을 거니는 기쁨과 감격을 한 줄, 두 줄, 시로 써 내려갔다. 그는 주님의 아름다운 세상을 찬송시로 표현하였고, 1절에 있는 "귀에 은은히 소리 들리니 주 음성 분명하다."와 2절에 있는 "내게 들리던 주의 음성이 늘 귀에 쟁쟁하다."라는 구절은 환상으로 본 예수님의 모습을 증언하고 있다. "주님 나와 동행을 하면서 나를 친구 삼으셨네. 우리 서로 받은 그 기쁨은 알 사람이 없도다."는 깊은 마음의 상처로 힘들어 하는 친구 가이벨과 그의 가족에게 예수님이 계심을 믿고 우리가 그 기쁨을 간직하자고 전하고 있다.

"저 장미꽃 위에 이슬"의 원제목은 "In the garden"이며, 여성 이중창곡으로 만들어졌는데 추후에 4부 화성으로 편곡이 된 것으로 전해진다.

또한 이 곡은 1984년에 상영된 영화 "마음의 고향원제: Places in the

Heart"의 주제곡으로 쓰였으며, 이 영화는 아카데미상에서 2개 부분을 수상하였다.

C.A.마일즈

442장_통489
no.12

저 장미꽃 위에 이슬

C.A. Miles 작사, 작곡

저 장미꽃 위에 이 슬 - 아직
그 청아한 주의 음 성 - 우는
밤 깊도록 동산 안 에 - 주와

맺혀있는 그 때에 귀에 은은히 소리
새도 잠잠케 한다 내게 들리던 주의
함께 있으려 하나 괴론 세상에 할일

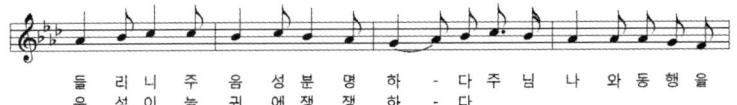
들리니 주 음성 분명하 - 다 주님 나와 동행을
음성이 늘 귀에 쟁쟁하 - 다
많아서 날 가라 명하신 - 다

하면서 나를 친구 삼으셨네 - 우리 서로 받은 그

기쁨은 알 사람이 없도 - 다 -

알고 부르면 은혜로운 **찬 송 가_** 89

545장_ 통344

이 눈에 아무 증거 아니 뵈어도

T. Mitani 작사, R. Lowry 작곡

믿음만이 우리에게 주어진 사명이다

　이 곡은 우리에게 "주 날개 밑 내가 편안히 쉬네419장"의 작사가로 잘 알려진 윌리엄 커싱William Orcutt Cushing, 1823~1902 목사가 1878년에 작사한 "Down in the valley with my saviour I would go"의 원래 가사를 일본인인 미다니 다네기찌三谷種吉, 1868~1945 목사가 1901년에 개사를 하여 일본 전역에 알려지게 되었고, 이 일본어로 된 가사를 한국의 이장하 목사가 우리말로 번역하여 지금까지 불리고 있다. 그러한 번역의 과정을 겪다 보니 커싱 목사가 최초에 만든 가사와는 다른 의미의 찬송이 되어 버렸다.

　윌리엄 커싱 목사가 1878년에 "현실적인 증거가 눈에 보이지 않아도 믿음만을 가지고 나아간다."라는 믿음의 보편성을 강조하고, "믿음으로 이루어 내지 못할 것은 없다."라는 주제로 작사한 것을 2년 뒤인 1880년에 침례교 목사이며 "여러 해 동안 주 떠나", "나의 갈 길 다가도록"의 찬송을 작곡한 로버트 로우리Robert Lowry, 1826~1899가 힘이 넘치는 곡조를 부쳐서 이 곡은 모두에게 사랑받는 찬송가가 되었다.

커슁이 후에 '아이라 샌키'를 비롯한 많은 찬양사역자들에게 자신이 어느 곳에 있든지 주님이 꼭 동행하셔야만 진정한 삶을 살 수 있다는 것을 이 곡에 표현하려고 애썼다는 것을 수차례에 걸쳐 강조한 것으로 알려진다.

커슁 목사가 처음에 이 곡을 작사할 때는 구약 호세아 6장 8절의 말씀 "그러므로 우리가 여호와를 알자. 힘써 여호와를 알자Then shall we know, if we follow on to know the Lord"를 읽고 영감을 받아서 글을 쓰게 되었는데, 이 성경 구절이 근거가 되어 미국에서 이 찬송의 제목이 "Follow On"이 되었다. 하지만 일본인 목사 타네키지가 본래의 가사를 의식하지 않고 개사를 하였고, 국내에서 번역이 될 때도 고린도후서 5장 7절 말씀인 "이는 우리가 믿음으로 행하고 보는 것으로 행하지 아니함이로라"에 근거를 두고 번역을 하여 이 찬송의 제목이 "이 눈에 아무 증거 아니 뵈어도"가 되었다.

목소리를 잃고 설교를 할 수 없게 되다

이 곡의 원제목이 "Walk by faith"인 것만 보아도 알 수 있듯이 이 곡은 믿음으로 나아가는 씩씩하고도 힘찬 신앙인의 자세가 멜로디로 잘 표현되어 있다. 커싱 목사는 말씀에 은사를 가진 성직자였는데, 그의 설교를 듣고자 하는 자가 너무 많아서 커싱 목사에게는 여러 곳에서 해야 할 자신의 설교 스케줄을 정리하는 게 큰 일 중에 하나였다고 전해진다. 하지만 부인을 먼저 하나님의 나라로 보내고 나서부터 급속히 건강이 나빠졌는데 이때 성대에 이상이 생겨 심한 고생을 하였다. 그러다가 1년 정도가 지나자 완전히 목소리를 잃어버려 더 이상 강단에 서서 대중들을 향해 설교를 할 수 없게 되었을 뿐만 아니라 일반적인 목회 생활도 그만 두게 되었다.

하지만 그는 이렇게 받아들이기 힘든 현실에 순종하였고, 이것 또한 하나님의 다른 계획이 있으리라는 것을 믿었다. 하나님께 강단에서 더 이상 하나님의 말씀을 대중들에게 전할 수 없다면 다른 달란트를 달라고 애원하였고, 만약에 그런 달란트를 주신다면 그것을 은사로 삼아 주님 앞에 갈 때까지 헌신하겠다고 매일 묵상기도를 드렸다.

커싱 목사의 애절한 기도를 들으신 하나님은 그에게 대중들 앞에서 하고자 했던 설교를 글로 쓰게 하셨고 그것을 고귀한 찬송시로 만들어 주셨다. 그의 찬송시는 많은 이들에게 감동과 은혜를 주어 하나님의 말씀을 찬송가에 담아 전하게 되었다. 순종하는 신앙의 자세는 하나님이 주시는 축복이 멈추지 않는 것이다.

이 찬송의 원 가사를 함께 살펴보자.

1. Down in the valley with my Savior I would go,
Where the flowers are blooming and the sweet waters flow.

구주와 함께 계곡을 걸어 내려가면 꽃들은 피어나고, 맑은 물이 흐르네.

Everywhere He leads me I would follow, follow on,
Walking in His footsteps till the crown be won.

어느 곳에서나 주님이 나를 이끄시니 나는 따르리오, 따르리오.
승리의 관을 쓸 때까지 그와 함께 걸어가겠네.

Refrain

Follow! follow! I would follow Jesus!

따르리오, 따르리오. 난 예수님을 따르리오.

Anywhere, everywhere, I would follow on!

어디든지 어느 곳에서나 나는 주님을 따르리오.

Follow! follow! I would follow Jesus!

따르리오, 따르리오. 난 예수님을 따르리오.

Everywhere He leads me I would follow on!

어느 곳에서나 나를 이끌어 주시니 나는 따르리오.

W.O. 커쉥

미다니 다네기찌

545장_통344

no.13

이 눈에 아무 증거 아니 뵈어도

T. Mitani 작사, R. Lowry 작곡

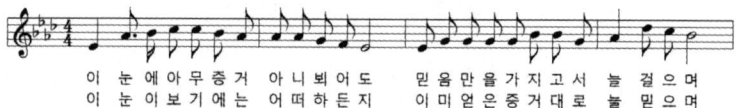

이 눈에 아무 증거 아니 뵈어도   믿음만을 가지고서 늘 걸으며
이 눈에 보기에는 어떠하든지   이 미 얻은 증거 대로 늘 믿으며
주 님의 거룩함을 두고 맹세한   주 하나님 아버지는 참 미쁘다

이 귀에 아무 소리 아니 들려도   하나님의 약속 위에 서 리 라
이 맘에 의심 없이 살아갈 때에   우리 소원 주 안에서 이루리
그 귀한 모든 약속 믿는 자에게   능치 못할 무슨 일이 있을까

걸 어 가 - 세 믿음 위에 서 서   나가세 나가세 의 심 버 리 고

걸 어 가 - 세 믿음 위에 서 서   눈과 귀에 아무 증거 없 어 도

370장_ 통455

주 안에 있는 나에게

E.E.Heweitt 작사, W.J.Kirkpatrick 작곡

교사로서 최선을 다한 히윗

    엘리자 히윗Eliza Edmunds Hewitt, 1851~1920 여사는 1851년 6월 28일 펜실베이니아 주의 필라델피아에서 태어났는데, 교육대학을 졸업하고 학교 교사로 임용되어 열심히 아이들을 가르치는 일에 최선을 다하며 살았다. 또한 주일학교 교사로도 사역을 열심히 하였고, 청소년들을 상담하여 바른 길로 인도하는 일도 함께했다. 그녀는 자신이 교사로서 일하는 것을 사명으로 알았고 누구보다 최선을 다하며 직업에 대한 자부심도 대단하였다.

    특히 주일학교 교사로서 그녀는 아이들과의 교제를 나누는 것을 너무나 행복한 일로 생각하며 주중에 학교 교사로 일하는 시간 외에는 늘 주일에 있을 주일학교를 위해 많은 시간을 할애하여 열심히 준비하였다. 또한 청소년을 위해 상담역을 맡은 일은 그녀에게는 매우 보람 있는 일이었다. 그녀는 방황하던 청소년들이 제 모습을 찾아가며 사회에 적응하는 모습을 볼 때 늘 행복한 마음이었고, 또 그런 아이들이 찾아와서 감사의 말을 전할 때는 그 아이들을 감싸 안고 곧잘 울기도 하였다.

뜻밖의 사고를 맞게 되다

1888년 겨울, 자신에게 주어진 모든 일들을 사랑하며 열정적인 교사로 살아가고 있던 히윗 여사는 문제아라고 모두가 포기한 학생을 만나 상담을 하게 되었다. 그녀는 그 학생과 예수님의 사랑에 대해 함께 나누며 그를 바른 길로 인도하고자 했다. 여러 가지 이야기를 나누는 동안에 그 학생은 계속적으로 마음을 열지 못하고 반응을 하지 않았다. 히윗은 그 학생에게 용기의 말을 건네면서 그의 손을 잡고 이제는 방황의 길에서 내려오라고 따뜻한 말로 위로하고 있었다.

이러한 위로가 그 학생의 마음을 움직였는지 그 학생은 히윗의 이야기를 조금씩 받아들이고 있었다. 그리고 그 학생은 히윗의 이야기에 짧은 대답이지만 반응도 보였다.

그런데 갑자기 상담을 하는 도중 그 학생은 발작적으로 히윗의 손을 뿌리치고 교정으로 뛰쳐나갔고, 히윗도 놀라 일어나며 학생에게 가면 안 된다고 소리쳤다. 갑자기 뛰쳐나간 학생은 교정에 떨어져 있던 지붕 슬레이트 조각을 들고 와 마구 휘두르며 히윗에게 폭력을 행사하기 시작했다. 그리고 그 학생은 폭력을 말리던 그녀를 발로 차 넘어뜨리고 그녀의 등을 향해 날카로운 슬레이트 조각을 내리쳤다. 히윗은 비명과 함께 피를 흘리며 그 자리에서 쓰러졌고, 엄청난 상황에 놀란 학생은 급히 도주를 하였다. 비명소리를 들은 다른 교사들이 상담실로 들어와 그녀를 병원으로 바로 옮겼지만 그녀는 안타깝게도 그 충격으로 회생 불능의 척추 부상을 입게 되었다.

삶을 포기한 그녀에게 다른 삶이 보이다

히윗 여사는 예상치 않았던 뜻밖의 사고로 병원 신세를 지게 되었다. 절망과 슬픔 속에서 모든 것을 포기한 히윗은 심각한 우울증에 걸려 병세가 점점 심해지고 있었다. 그녀는 모든 것을 원망하면서 신경질적인 행동을 일삼으며 주변에 있는 많은 이들을 힘들게 했다. 아프기 전에는 사사롭게 지나치던 일들에도 그녀는 신경이 곤두서서 사람들에게 소리를 지르고 화를 내기도 했다. 옆에서 도저히 병간호를 하기가 힘들 정도였다.

침대에 누워 하루하루를 보내던 어느 날. 히윗은 여전히 우울증으로 인한 발작적이고 신경질적인 반응만 하고 있었다. 그녀는 그녀의 병실에 들어와 즐겁게 병원 청소를 하고 있는 흑인 여인에게 아무런 이유도 없이 시비를 걸고 있었다. "청소부 주제에 무엇이 그렇게 좋지? 왜 히죽히죽 웃고 있느냐 말이야! 청소하러 왔으면 청소나 열심히 하지." 히윗의 날카로운 말에 주변에 있던 환자들은 깜짝 놀랐다. 그러나 그런 무례하기 그지없는 말에 청소를 하던 흑인 여인은 여전히 엷은 미소를 머금은 채 이렇게 대답하였다. "하나님은 저의 모든 형편과 사정을 잘 알고 계셔서, 이 모든 상황을 저에게 찬송으로 변화시키는 힘을 주셨어요. 그러니 저는 늘 즐거울 수밖에 없지요."

히윗은 자신의 폭력적인 언사에 환한 미소로 대답하는 그 흑인 여인의 맑은 눈을 바라보다가 할 말을 완전히 잃게 되었고, 큰 부끄러움 속에 멍하니 창밖을 내다보며 한동안 정신을 차리지 못하고 있었다. 그리고 자기 자신에게 묻기 시작했다. '아, 지금 저 여인이 뭐라고 대답을 했는지 히윗 너는 제대로 들었니? 너는 도대체 무슨 생각을 하며 지금 여기에 있는 거야?' 그녀는 다시 조용히 침대에 누웠다. 침대에 누워 있는데 그녀의 뺨을 타고 베고 있던 베개로 눈물이 계속 흘러내렸다. 그녀는 참회를 하며 흐르는 눈물과 함께 눈을 감고, 속으로 조용히 기도하기 시작했다. '주님! 저는 참 못난 사람인가 봅니다. 저는 왜 이렇게 나약한가요? 어려운 일을 당했다고 주님이 계심을 잊고 있었으니 그동안 저의 신앙에 대해 회개합니다. 저에게 다시 일어설 수 있는 새로운 용기를 주시옵소서. 저의 모든 것을 드리니 주님이 저를 책임져 주시옵소서.'

히윗은 주님께 자신의 마음속에 있는 모든 것을 아뢰었다. 그리고 긴 기도를 마치고 침대에 앉아 기도를 하던 그 감정을 그대로 글로 옮기기 시작했다.

1절은 이렇게 시작이 된다.

> 주 안에 있는 나에게 딴 근심 있으랴
> 십자가 밑에 나아가 내 짐을 풀었네

2절에는 자신의 속마음을 그대로 표현하고 있다.

> 그 두려움이 변하여 내 기도되었고
> 전날의 한숨 변하여 내 노래되었네

3절에는 자신의 삶을 책임져 주시는 주님을 찬양하고 있다.

> 내 주는 자비하셔서 늘 함께 계시고

내 궁핍함을 아시고 늘 채워 주시네

어려운 일을 맞아 자신의 삶을 잃어버리고 그 삶에 대해 불평과 원망만 하던 그녀가 마침내 주님께 감사하게 되고, 주님의 은혜 속에 새로운 삶을 찾게 된 것이다. 이 히윗의 가사는 완성되어 찬송 "너 예수께 조용히 나가", "구주 예수 의지함이" 등을 작곡한 윌리엄 커크패트릭의 손에 전달되었고, 그의 탁월한 작곡 솜씨가 더해져 1898년에 "Singing I go"라는 제목으로 세상에 발표되었다.

그 후 히윗은 병상에 있는 동안 자신이 시를 쓰는 재능이 있음을 깨닫게 되었고, "내 영혼에 햇빛 비치니", "너 예수께 조용히 나가" 등의 은혜가 넘치는 여러 편의 아름다운 찬송시를 남기게 되었다. 히윗 여사가 병상에서 쓴 찬송가의 가사처럼 견디기 어려운 상황이 변해 기도로 임하게 될 때 그 마음은 찬송과 기쁨으로 가득 차게 되는 것이다.

병상에 있던 히윗이 만난 청소하던 흑인 여인은 과연 누구였을까?

하나님은 우리가 고난 속에서 주를 찾을 때 가장 크고 놀랍게 역사하심을 잊어서는 안 되겠다.

E.E.히윗   W.J.커크패트릭

370장_통455

no.14

알고 부르면 은혜로운 **찬 송 가_** 99

내 평생에 가는 길

H.G. Spafford 작사, P.P. Bliss 작곡

사업장에 화재가 나다

변호사인 호레이셔 게이츠 스패포드Horatio Gates Spafford, 1828~1888는 영국인이었지만 미국 땅에 와서 성공한 몇 안 되는 사업가이기도 하다. 또한 찬송가에 있어 가장 빛나는 업적을 남긴 "무디 전도단"의 재정적인 후원자로도 잘 알려져 있다. 무디 목사와 스패포드는 9살의 나이 차이에도 불구하고 친구이며 신앙의 동지로서 늘 서로에게 힘과 용기를 주는 아주 각별한 사이였다.

사업이 번성하는 만큼 하나님의 사업에 더 많은 후원을 하는 것을 스패포드는 자신의 사명으로 알고 그 사명을 잘 감당하면서 살아 왔다. 그런데 1873년 어느 날, 스패포드의 공장에 설치된 유류탱크에서 유류 누수로 인해 큰 화재가 나게 되었고, 스패포드는 자신의 사업장이 무엇 하나 건질 게 없을 정도로 온통 검은 재로 남게 되는 감당하기 힘든 일을 겪게 되었다. 주위의 사람들도 하나님 사업에 누구보다 열정을 가지고 살던 스패포드에게 왜 이런 일이 생기는 것인지 이해할 수 없는 일이라고 말했다. 하지만 삶에 있어서 누구보다 긍정적이었던 스패포드에게

는 포기라는 것도 실망이라는 것도 없었다. 오직 그는 현실로 닥친 상황을 정면으로 받아들이고 어느 한 사람이라도 최소한의 피해만 보게끔 사고의 뒷마무리에 온 힘을 쏟고 있었다.

그런대로 사고가 어느 정도 정리가 된 후, 그는 자신의 사업 재기를 위해 온몸을 던져 최선을 다할 각오를 새롭게 다졌고, 안타까운 일이지만 아내와 네 명의 자녀를 일단 자신의 고향인 영국으로 보낸 뒤 자신은 홀로 남아 다시 사업에 매진하여 제자리를 찾겠다는 계획을 세웠다. 그리고 얼마 후 "사업이 정상화되면 다시 미국으로 돌아와 함께 행복하게 살자."라는 인사를 가족들과 나누며 아내와 자녀들을 모두 배에 태워 영국으로 보냈다.

선박 충돌 사건 소식을 접하게 되다

얼마 후 스패포드는 에딘버러Edinburgh에서 전도단의 책임자인 무디Dwight L. Moody 목사와 함께 미팅을 하고 있었는데, 그 미팅 중에 아주 놀랍고도 슬픈 소식을 접하게 되었다. 필라델피아에서 열렸던 행사에 참여한 많은 수의 기독교 협의회 대원들을 싣고 미국에서 프랑스로 돌아가던 '빌르 드 아부르Ville de Havre'라고 하는 증기선이 대서양의 한복판에서 대형 여객선과 충돌하여 불과 1시간여 만에 침몰했다는 것이었다. 그 소식을 접한 스패포드의 가슴은 더더욱 철렁 내려앉았다. 그 이유는 바로 그 배에 그의 아내와 네 자녀들이 승선하고 있었기 때문이었다.

이 대규모 충돌로 인해 증기선은 가라앉기 시작했고, 갑판에 있던 부인은 침몰의 순간에도 난간에 매달려 울면서 하나님께 기도를 하고

있었다. "하나님! 우리 착한 네 아이들을 불쌍히 여기시고 꼭 살려 주십시오. 그런데 만약 그것이 여의치 않다면 죽음에 대한 두려움 없이 이 상황을 받아들일 수 있는 힘을 주십시오."

　기울어져 침몰되고 있는 배에서 네 자녀들과 아내는 더 이상 버티지 못하고 모두 바다 속으로 빠졌고, 그 배 역시 완전히 바다 속으로 침몰하였다. 아내는 이 참사의 상황 중에 표류하다가 다행히 구조가 되었고, 아이들은 단 한 명도 찾을 수가 없었다. 이 사고로 인해 226명이 죽고 스패포드의 아내를 포함한 47명만이 겨우 구조되었다.

　구조가 된 아내는 사고일로부터 10일 만에 영국 웨일즈에 있는 카디프Cardiff, Wales로 옮겨졌다. 그곳에 도착하자마자 아내는 시카고에 있는 남편에게 전보를 보냈다. 담겨진 내용은 "혼자만 생존했음!Saved alone!" 이었다.

　시카고에 있는 자신의 변호사 사무실에서 이 전보를 받게 된 스패포드는 세상 모든 것이 끝난 것 같은 상실감과 함께 감당하기 힘든 커다란 충격에 휩싸이게 되었다.

그는 일단 아내를 시카고로 데려 오기 위해 영국으로 향했다. 무디 목사의 "잘될 겁니다. 하나님이 해결해 주실 거예요."라는 말을 뒤로 한 채 급하게 배를 타게 되었다. 그리고 아내를 만나러 가기 위해 며칠이 걸리는 항해 중에 그가 타고 있던 배가 사고 해역을 지날 때 그 배의 선장이 스패포드를 불러 배가 침몰한 지점을 가리켰다. "여기가 따님들이 타고 있던 배가 침몰한 사고 지점입니다." 거친 파도가 치는 바다를 바라보던 그의 온몸은 떨려오기 시작했고, 네 명의 딸을 한꺼번에 삼켜 버린 파도 앞에서 그저 망연자실 눈물만 쏟을 뿐이었다. 아이들은 검고 거친 파도에 묻혀 얼마나 무서웠을까? 선실로 내려와서도 눈물은 그치지 않았고 '왜 나에게 이런 일이 생긴 걸까?'라는 질문만 계속 들 뿐이었다. 괴로움을 견디기 힘든 그의 마음에 하나님에 대한 원망은 아까 본 그 거친 파도보다 더 했다. 스패포드는 밤새 울부짖으며 하나님께 절규하며 기도를 하고 있었다.

주님께 평안을 구하는 기도를 하다

밤을 새는 동안 그의 기도는 멈추지 않았다. '주여! 저는 사업이 무너진 것도 감당키 어려운 상황이었는데, 어찌하여 저에게 사람으로서 이겨낼 수 없는 이런 일을 주십니까?', '저는 이제 무슨 힘으로 다시 일어나야 합니까?', '저는 이제 기댈 수 있는 것은 오직 주님밖에 없습니다. 주여! 제가 연단되어야 할 일이라면 저에게 찾아오셔서 평안을 주

시옵소서.'

어느덧 선실 밖으로는 해가 떠오르고 있었다. 밤새워 기도하던 그에게 그 순간 주님의 손길이 느껴졌다. 시편 23편 4절, "내가 사망의 음침한 골짜기로 다닐지라도 해를 두려워하지 않을 것은 주께서 나와 함께 하심이라"는 구절과 23편 6절의 "내 평생에 선하심과 인자하심이 반드시 나를 따르리니 내가 여호와의 집에 영원히 거하리로다"라는 구절이 너무도 선명하게 그의 마음에 새겨졌다. 이제 그의 마음에는 폭풍 같은 슬픔이 지나고 서서히 뜨거운 평강이 차오르고 있었다. 하나님을 의지하는 영혼에게 부어 주시는 깊은 주님의 평안이었다.

내 영혼 평안해

스패포드는 주님이 주시는 그 평안을 표현하고 싶어서 무릎을 꿇고 하던 기도를 마치고 침실에 있는 작은 탁자에 앉았다. 그리고는 그의 수첩에 "내 영혼 평안해It is well with my soul"라는 제목으로 그 감정을 그대로 담아 그 자리에서 찬송시를 써 내려갔다.

그는 시카고로 돌아와서 이 시를 다시 한 번 정리하였고, 무디 목사와 그의 전도단 멤버들의 위로 속에 하루하루를 살았다. 그러던 중 "무디전도단"의 찬양 인도자이며 찬송 작곡의 대가였던 필립 블리스 Philip Paul Bliss, 1838~1876가 참사로 안타깝게 사망한 스패포드의 어린 자녀들을 위해 작곡을 해 주었다.

스패포드의 찬송시를 우리의 마음에 담아 보자.

2절은 사랑하는 아이들을 집어 삼킨 파도를 이렇게 표현했다.

> 저 마귀는 우리를 삼키려고 입 벌리고 달려와도
> 주 예수는 우리의 대장되니 끝내 싸워서 이기리라

그리고 자신에게 평안을 주신 주님을 3절에서 표현하고 있다.

> 내 지은 죄 주홍빛 같더라도 주 예수께 다 아뢰면
> 그 십자가 피로써 다 씻으사 흰 눈보다 더 정하리라

4절에 표현처럼 주님이 오시면 나의 영혼은 겁이 없게 된다.

> 저 공중에 구름이 일어나며 큰 나팔이 울릴 때에
> 주 오셔서 세상을 심판해도 나의 영혼은 겁 없으리

오직 하나님만 붙들고 사람이 감당하기 어려운 일을 이겨낸 스패포드. 주님은 그 후로도 그를 그대로 두지 않으시고 계속해서 주님의 도구로 사용하셨다.

여기서 또 한 가지 안타까운 일은 필립 블리스도 이 곡을 작곡한 뒤 불과 한 달 만에 예상치 못한 열차 사고로 38세라는 젊은 나이에 사망하여, 이 곡이 그의 마지막 작품이 되었다는 것이다.

후에 스패포드가 크게 위안을 받았던 일은 배가 침몰하기 직전에 네 명의 자녀가 모두 주님을 영접하였다는 사실이었다. 이 찬송가의 원제목 "Ville de Havre"는 그 침몰했던 증기선의 배 이름이다.

예루살렘으로 떠나다

스패포드. 그는 여생을 오직 예수님이 다시 오심을 갈망하며 살았다. 1871년에 있었던 시카고 대형화재 참사시카고 시 전체가 다 타버린 때도 살아남은 생존자들을 위해 두 부부는 모든 시간과 정성을 쏟았었다. 그들은 생존자들이 삶의 터전을 잃고 전혀 갱생이 되지 않았던 상황에서도 그들이 희망을 갖고 다시 새 생활을 시작하게끔 만드는 데 큰 헌신을 하였다. 그는 그러한 일들을 하던 중 또 하나의 계획을 세웠는데, 그것은 더욱 구체적으로 빈민들을 구제하며 살겠다는 것이었다.

그런 이유로 그의 가족은 1881년, 예루살렘으로 그 거처를 옮기게 되었는데, 그곳에서도 스패포드 부인과 증기선 침몰사건 이후 새로 태어난 두 딸들은 신앙생활의 착실함은 물론 어려운 자들을 위해 시간과 장소를 가리지 않고 열심히 활동하였다.

스패포드는 예루살렘에 구제구호 단체인 "아메리칸 콜로니The American Colony"를 설립하였는데, 이 단체의 선한 활동들이 빛을 발하여 후에 노벨상을 수상하게 되었다.

성지순례 일정 중 이스라엘에 가게 되면 지금도 운영 중인 "스패포드 호텔"을 만나게 된다. 그 호텔이 바로 스패포드 가족이 구호단체 설립 때 함께 만든 호텔이다.

H.G.스패포드   P.P.블리스

338장_ 통364

내 주를 가까이 하게 함은

S.F. Adams 작사, L. Mason 작곡

최고의 배우로 활동 중에 폐결핵에 걸리다

이 곡은 1912년에 있었던 영국의 초호화 대형 유람선인 '타이타닉'이 바다 속으로 침몰할 때 모든 승객들이 물에 빠져 죽기 직전, 죽음을 앞두고 다함께 눈물을 흘리며 불렀다 해서 더욱 유명해진 찬송이다. 영어 제목은 "Nearer, My God, to Thee"인데, 구교인 가톨릭에서는 "주여 임하소서"라는 제목의 찬송으로 부르고 있다.

이 곡을 작사한 새라 풀러 애덤스 Sara Fuller Adams, 1805~1848는 1805년 영국에서 태어났는데 성인이 되어서는 최고의 명성을 지닌 여배우가 되었다. 유명 정치인이었던 아버지 벤저민 풀러 Benjamin Fuller의 부유한 가정의 둘째 딸로 태어난 그녀는 빼어난 미모로 영국의 모든 무대에서 명성을 누렸다. 그녀의 인기는 대단해서 어느 무대에서나 그녀의 연기를 보기 위해 많은 사람들이 줄을 서서 표를 구하려고 했고, 표를 구하지 못한 사람은 그녀의 다른 공연이 있는 날에 표를 구하기 위해 새벽같이 극장으로 모여 들었다.

1834년에는 인기 논객이자 엔지니어였던 윌리엄 애덤스 William Adams

와 결혼하게 되어 매우 행복한 가정을 이루게 되었고, 많은 사람들의 부러움으로 세간의 화제가 되었다. 그런데 승승장구하던 그녀에게 어려운 일이 찾아오고 말았는데, 그것은 공연 도중에 기침이 너무 심해서 쓰러지고 만 것이었다. 공연 관계자들은 무리한 일정으로 인한 감기 몸살이 원인이라 생각하고 일단 공연을 연기했다. 그들은 그녀가 쉬면서 빠른 시일 안에 감기가 나아서 무대로 돌아오기를 바라는 마음이었다. 하지만 집으로 돌아와 며칠을 쉬면서 건강을 회복할 작정으로 있던 그녀의 기침은 멈추지 않았고 오히려 그 증세가 점차 심해지고 있었다. 할 수 없이 그녀는 큰 병원을 찾게 되었는데, 그곳에서 청천벽력 같은 소식을 접하게 되었다. 그녀가 심각한 폐결핵에 걸렸다는 것이다. 새라는 그 순간에 한 가지 생각이 스치고 지나갔는데, 어렸을 때 병으로 어머니를 여의고 엄마를 대신해 의지하던 하나뿐인 언니가 폐결핵으로 힘들어 하던

모습과 그 길로 언니가 저 세상 사람이 되어 그녀에게 아픔이 되었던 사건이었다. 그녀는 가슴이 철렁 내려앉으며 심리적으로 초조해지고 두려움이 엄습하기 시작했다.

병상에서 성경을 펴 보게 되다

새라의 아름다운 외모는 질병으로 점점 시들해지고, 배우로서 활동도 더 이상 할 수 없게 되어 버렸다. 그리고 매일 병색이 짙어져서 초췌해지고 윤기라고는 찾아 볼 수 없는 자신의 얼굴을 보는 것은 그녀에게 너무나 큰 고통이었다. 무엇보다 참을 수 없었던 고통은 자신의 존재감을 늘 확인하던 무대에 다시 설 수 없다는 것이었다. 모든 것을 다 가진 듯 행복했던 지난 시간들은 이제 기억할수록 상처만 가져다 줄 뿐이었다.

자신을 찾아 주는 사람도 없고, 무대에 다시 서 달라고 독려해 주는 사람도 없는 절망 속에서 지내던 그녀는 자신의 마음을 달랠 길이 없었고, 그저 침대에 누워 창 밖에 보이는 한적한 길에 가끔씩 지나가는 사람들만 바라보고 있을 뿐이었다.

그러다가 침대 옆 탁자에 놓여 있는 성경책을 보게 되었는데, 그동안 바쁜 일정 때문에 자주 접하지 못했던 성경책이라는 생각이 문득 들었다. 그녀는 몸을 일으켜 성경책을 끌어 당겼고, 주일학교 때부터 보던 그 성경책을 펴고 창세기부터 천천히 읽어 나가기 시작했다. 성경을 읽으면서 '그래도 어렸을 적엔 이 성경책 읽기를 즐겨하며 많은 깨달음이 있었는데'라는 생각을 하였다. 계속해서 읽던 중 창세기에서 야곱이 형으로부터 쫓기는 몸이 되어 외삼촌인 라반의 집으로 가던 중에 벧엘에서 있었던 일들과 상황을 보면서, 사람으로서는 아무런 해결책이 없어 앞길이 막막한 상황에 처한 야곱이 꿈속에서 하나님의 음성을 듣고 기도하는 장면을 읽는 순간, 지금까지 그녀가 붙들고 살아 왔던 자신의 꿈들이 떠올랐다. 쫓기는 신세인 야곱이 광야에서 어디 한 곳 의지할 곳 없는 상황에서 캄캄한 밤에 돌베개를 베고 눈물을 흘리고 있는 모습이 마치 지금의 자신의 모습과 똑같다는 생각이 들었다.

질병으로 인해 육신의 아름다움과 세상을 향한 꿈은 사라졌지만 그와 비할 수 없는 꿈이 있다는 것을 깨닫게 된 것이다. 그 깨달음은 바로 하나님을 더욱 사랑하고 그 품 안에서 누리는 행복인 것이었다. 새라 야곱의 기도처럼 간절하고 순종하는 마음으로 깨달음을 주신 하나님께 올리는 시를 써 내려갔다.

1절의 가사는 이렇게 시작이 된다.

> 내 주를 가까이 하게 함은 십자가 짐 같은 고생이나
> 내 일생 소원은 늘 찬송하면서 주께 더 나가기 원합니다

2절에서는 자신의 처지와 같은 야곱을 표현하고 있다.

> 내 고생하는 것 옛 야곱이 돌베개 베고 잠 같습니다
> 꿈에도 소원이 늘 찬송하면서 주께 더 나가기 원합니다

새라 애덤스는 겸손하게 기도하며 살다가 이 시를 쓴 지 7년 후인

1848년, 마흔세 살의 나이로 가장 가고 싶어 하던 하나님의 곁으로 가게 되었다.

그녀가 떠나고 8년 후인 1856년에 찬송 "시온의 영광이 빛나는 아침"의 작곡자이며 우리 찬송가에 가장 많은 작품을 수록하고 있는 로웰 메이슨이 이 곡을 작곡하였다.

로웰 메이슨은 이 찬송시가 마음에 들어 늘 마음에 두고 있었지만 몇 년 동안 작곡을 하지는 못했다고 한다. 영감이 떠오르면 순식간에 작곡을 하기로 유명한 메이슨의 스타일로는 흔치 않은 일인 셈이다. 그러던 어느 날 밤, 원하던 잠을 이루지 못하고 알 수 없는 기운에 이끌려 방 안에 앉아 집안에 흐르는 적막하기까지 한, 고요함 속에서 긴 사색에 잠겨 있었는데, 새벽녘에 하늘로부터 이 멜로디가 자신의 가슴속으로 날아 들어왔다고 한다. 그리고 아침이 되어서야 전체 멜로디를 완성하였다고 한다. 주님이 이렇게 훌륭한 멜로디를 직접 메이슨의 마음으로 보내 주신 것이 아닐까?

S.F.애덤스   L.메이슨

내 주를 가까이 하게 함은

S.F. Adams 작사, L. Mason 작곡

내 주를 가까이 하게 함은
내 고생 하는 것 옛야 곱은 이
천 성에 가 는 길 험하여 도

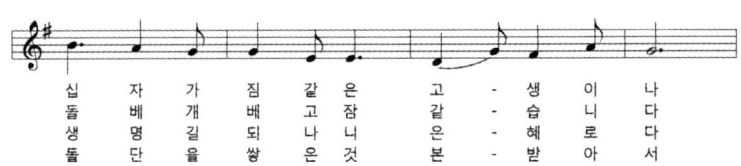

십 자가 짐 같은 고생 이 나
돌베개 집베고 잠자 니 같은 – 습 이 니
야 곱이 잠깨 어 일어 난 후
돌 생명 길 되 고 나 은 것 본 – 혜 로 다
돌 단을 쌓 은 것 – 받 아 서

내 일생 소원은 늘 찬송 하면서
꿈에도 소원이 늘 찬송 하면서
천사 날 부르니 늘 찬송 하면서
숨 질때 되 도록 늘 찬송 하 면서

주께 더 나가기 원 – 합 니 다

갈보리산 위에

G. Bennard 작곡

소년 가장이 목회자의 길을 가게 되다

1960년, 미국의 신앙 잡지로 유명한 《크리스천 헤럴드》Christian Herald에서 "자신의 애창 찬송가가 무엇인가?"에 대한 설문조사를 했는데 이 곡 '갈보리산 위에'가 '내 주를 가까이 하게 함은'을 누르고 1위에 선정되었다.

1873년 2월 4일, 미국 오하이오 주의 영스타운Youngstown, Ohio에서 광부의 아들로 태어난 조지 버나드George Bennard, 1873~1958는 어려서부터 성경 읽기를 좋아했는데, 그는 늘 복음에 대해 좀 더 깊이 알고픈 마음이 있어 신학을 공부하고자 하는 소망을 가지고 있었다. 하지만 열여섯 살이 되던 해에 아버지가 광산에서 일을 하던 중 갱내에서 그만 낙반사고로 돌아가시면서, 버나드가 꿈꾸던 학업은 물거품이 되었고, 그는 가족을 부양해야 하는 가장 역할을 해야만 했다.

버나드의 집은 부유한 환경이 아니었기 때문에 그는 가족을 위해서라면 무엇이든지 닥치는 대로 일을 해야만 했다. 일을 하면서 틈틈이 성경 읽기를 꾸준히 하였고, 성경 관련 서적이 어딘가에 있으면 무조건 찾아가서 어렵게 사정을 하고 빌려서라도 그 책을 읽곤 했다. 복음에 대해 알고자 하는 갈망을 하나님은 아셨는지 그는 어렵게 공부를 해서 감리교회 목사가 되었다. 결혼 후에 그는 그의 부인과 함께 일리노이 주의 구세군에서 사관으로 일하였지만, 워낙 깊이 있는 성경 해석 능력이 있고 그의 설교에는 힘이 실려 있어서 사관의 생활을 정리하고 미국과 캐나다 전역을 다니며 순회설교자이자 부흥사로 헌신하였다.

부흥사로 명망을 떨치다

특히나 그는 미시건 주와 뉴욕에서 부흥 집회를 인도하며 교단으로부터 상당한 인정을 받게 되었고, 여기저기서 부흥회를 인도해 달라는 요청도 쇄도하였다. 열심히 부흥회를 인도하던 중 미시건 주의 포카곤Pokagon감리교회에서 부흥집회를 인도하고 있었는데 집회 중에 대중들 사이로 예수님의 피가 흐르는 십자가의 환영을 보게 되었다. 그는 그날 집회가 끝나고 숙소로 돌아 와서 깊은 고뇌에 빠지게 되었다. 주님은 왜 나에게 십자가의 환영을 보여 주셨을까? 그리고 '그간에 나는 바쁜 스케줄로 인해 타성에 젖은 집회를 인도하고 있었던 것은 아니었나'라는 생각을 하게 되었고, 어려서부터 고생을 하면서 신학을 공부하게 하신 하나님의 계획에 대해서도 다시 생각하게 되었다. 정말 자신이 수많은 사람들에게 전하고 있는 십자가와 부활의 능력을 진정으로 깨닫고 있나 뒤돌아보며 깊은 고민을 하게 되었다.

그리고 그것은 지금까지 경험하지 못한 괴로움을 가져왔다. 집회도 집중하기 힘들었다. 집회가 끝나자마자 숙소로 돌아와서 며칠 동안 벽에 걸린 십자가를 바라보며 기도를 하고 있던 그는 환상 중에 십자가에서 자신을 내려다보고 계시는 예수님을 보게 되었다.

기도 중에 그는 확실하게 환상을 보게 되었는데, 십자가에서 흐르는 예수님의 피는 버나드 목사의 머리와 얼굴로 흘러 내려 온몸을 흠뻑 적셨다. 우리의 죄를 사하시려 모든 것을 홀로 붙들고 십자가에 달리신 예수님의 마음을 알게 되었다. 이때 눈을 뜬 버나드 목사는 눈물과 땀에 젖어 하나님을 찬양하기 시작하였고, 찬송의 시가 저절로 터져 나왔다.

갈보리산 위에 십자가 섰으니 주가 고난을 당한 표라
험한 십자가를 내가 사랑함은 주가 보혈을 흘림이라

2절에서는 자신의 마음을 모두 쏟아 놓은 찬송을 하게 된다.

> 멸시 천대받은 주의 십자가에 나의 마음이 끌리도다
> 귀한 어린 양이 세상죄를 지고 험한 십자가 지셨도다

그리고 목회자로서 부흥사로서 자신의 앞으로의 삶에 대한 고백을 담았다.

> 최후 승리를 얻기까지 주의 십자가 사랑하리
> 빛난 면류관 받기까지 험한 십자가 붙들겠네

그리고 잠시 후 찬송시를 다시 읊조리는데 멜로디가 함께 나오기 시작했다.

그날 밤 그는 그 교회의 담임 목사인 보스윅L. O. Bostwick 목사 부부에게 즉흥적으로 만든 찬송을 기타로 연주하며 들려 주게 되었는데, 이것이 찬송 "갈보리산 위에"이다. 목사 부부는 불멸의 찬송이 나왔다며 자신들이 이 찬송을 통해 받은 감동에 대해 밤새 얘기를 나누었다고 한다. 이 찬송은 입에서 입으로 전해져 미국 전역에 퍼져 나갔고 지금도 전 세계 크리스천들이 가장 애창하는 찬송가가 되었다.

찬송을 기념하여 십자가를 세우다

그는 말년을 미시건 주의 리드Reed City, Michigan 시에서 보냈는데, 시민들이 그의 찬송에 대해 상당한 자부심을 가지고 있었다고 한다. 그래

서 시에서는 그의 집 근처 상공회의소 앞에 대형 십자가를 세웠고, 후에는 그를 기념하기 위해 기념박물관까지 건립하였다. 이 박물관의 이름이 "The Old Rugged Cross Historical Museum"인데, 이 찬송 "갈보리산 위에"의 영어 제목이 "The Old Rugged Cross"이니까 우리말로 쉽게 번역하면 "갈보리역사박물관"이라고 해야 하는 게 아닌가 싶다.

깊은 고뇌와 갈망으로 십자가를 체험한 조지 버나드 목사는 40여 년을 목회와 전도에 헌신하고 1958년 10월 10일, 조용히 85세의 생을 마감하고 하나님의 품으로 갔다.

또 한 가지 덧붙이고 싶은 것은 원 가사에 따른 번역이다.

On a hill far away stood an old rugged cross,
The emblem of suffering and shame.

이 원 가사가 "갈보리산 위에 십자가 섰으니 주가 고난을 당한 표라"고 번역이 되어 있는데, 너무나 군더더기 없는 깔끔한 번역이 아닌가? 초기에 한국에 와서 헌신하신 훌륭한 선교사님들의 큰 업적 중 하나가 이러한 번역들이다.

G.버나드

488장_ 통539

이 몸의 소망 무언가

E. Mote 작사, W.B. Bradbury 작곡

방황하던 소년이 목공이 되다

시인이며 목사인 에드워드 모우트Edward Mote, 1797~1874는 1797년 1월 21일에 영국 런던에서 선술집을 운영하며 겨우 생계를 유지하는 가난한 가정에서 태어났다. 어려서부터 그가 자라난 환경은 이렇다고 얘기할 게 없을 정도로 험악했다. 가난 때문에 제대로 교육을 받을 수도 없었고, 집이 선술집이다 보니 집에는 늘 술에 취한 거친 사람들만 가득하고, 매일 욕설이 난무한 싸움으로 하루도 조용한 날이 없었다. 그러한 연유로 어린 소년은 집에 있기도 싫었고, 어느 누구의 돌봄도 없이 늘 길에서 떠도는 삶이 되었다. 그리고 이로 인해 생긴 열등감과 반항심으로 길거리를 헤매며 나쁜 일에 휘말리고 폭력을 일삼게 되었다. 원망과 불평이 가득 찬 그에게는 세상 어디에도 그를 인간적으로 따뜻하게 맞아 주고 조언을 해 줄 사람은 없었다.

하지만 그는 뛰어난 손재주를 가지고 있었다. 16살이 되었을 때 돈을 벌기 위해 가구 공장에서 목공일을 하게 되었다. 다행히 그 가구 공장의 주인아저씨는 자식을 돌보듯 그를 눈여겨보고 따뜻한 관심으로 그를 대해 주었다. 이로 인해 이제껏 거칠게 살아 왔던 에드워드의 마음은 조금씩 열리기 시작하였다.

어느 날 주인아저씨는 자신과 함께 교회에 한번 가보지 않겠느냐며 에드워드를 교회로 데리고 갔다. 그는 자신이 교회에 간다는 것은 지금껏 한 번도 생각해 본 적도 없고 관심도 없었던 일이었지만 자신을 따뜻하게 대해 주시는 주인아저씨의 권유를 뿌리치기는 힘들었다.

그날 예배의 설교는 "하나님의 부르심"이라는 주제였는데, 낯선 분위기에 몸을 뒤척이던 그는 순간순간 귀에 들어오는 얘기가 있었고, 점차 자신을 향한 메시지라는 생각이 들어 집중을 하기 시작하였다. 설교가 끝난 뒤 마음이 뭉클하고 자신의 메마른 가슴이 말씀으로 인해 녹아들어가는 것을 느낄 수 있었다. 그리고 그 감정을 주인아저씨에게 이야기하였고, 아저씨의 도움으로 예수님을 주님으로 영접하게 되었다.

영접과 함께 새 삶이 시작되다

그날 이후 에드워드는 너무나 행복한 목공이 되었고, 예수님을 찬양하는 그의 고백처럼 가구를 만드는 모든 도구들에서 나는 소리가 노래하듯 춤을 추듯 진정 즐거워졌다. 그렇게 에드워드는 신이 나서 성실히 일을 하며, 주인아저씨를 따라 전도도 하고, 틈틈이 시도 쓰면서 생활하였다. 가구를 만드는 그의 솜씨가 주위 사람들로부터 인정을 받게 되었고, 주인아저씨는 이것에 대해 자신의 일처럼 너무나 기뻐하였다. 시간이 지나자 가구를 만드는 일은 점점 번창하게 되었고, 주인아저씨는 에드워드의 이름으로 가구점을 가질 수 있게 해 주었다. 그는 제법 규모가 큰 가구점을 운영하게 되었고, 여유가 생기자 신학을 정식으로 공부하게 되었다. 자신의 어릴 적 모습과 생활을 생각하면 늦깎이로 시작했지만, 이렇게 신학공부를 하게 된 것이 믿기지 않을 뿐이었다.

에드워드는 영국 최초의 감리교 인물인 헌팅돈Selina Shirley Huntingdon, 1707~1791 백작부인이 설립한 교회들 중에 토트넘교회Tottenham Court Road Chapel의 목사인 존 하이야트John Hyatt 목사의 영향을 가장 많이 받았다고 한다. 그는 열심히 신학을 공부하여 55세인 1852년에 침례교 목사가 되었고, 22년간 영국 서섹스 주의 호셤Horsham, Sussex에서 목회를 하였다. 목사가 된 후에 그는 모든 사업을 정리하고 전 재산을 온전히 다 바쳐 교회를 건축하였다. 교회의 건물이 완공되었을 때 교인들이 감사의 표시로 교회의 소유권 문서를 전달하려 했지만 그는 거절을 하며 이렇게 말했다. "나는 교회 건물을 소유할 마음이 전혀 없습니다. 그저 네모난 설교단만 있으면 됩니다. 만약 내가 몸이 쇠약해 더 이상 그리스도를 전할 수 없게 되면 나를 강단에서 끌어내려 주십시오."

행복하였던 목공 시절에 가구 공장 뒤편에 있는 언덕에 올라가 매일 기도를 하고 묵상을 하던 에드워드가 37살이던 1834년 언덕의 바위를 보며 지은 시가 찬송가 "이 몸의 소망 무언가"이다.

부모뿐만 아니라 세상의 어느 누구에게도 사랑을 받지 못했던 에드워드는 가구 공장의 주인아저씨의 인도로 새 삶을 찾고 누구보다도 예수님이 자신을 사랑하고 계심을 깨닫게 되어 기쁨의 찬양을 하게 되었다.

그의 고백은 이렇게 시작이 된다.

> 이 몸의 소망 무언가 우리 주 예수뿐일세
> 우리 주 예수밖에는 믿을 이 아주 없도다
> 주 나의 반석이시니 그 위에 내가 서리라
> 그 위에 내가 서리라

영어 제목은 "My hope is built", 즉 "내 소망이 세워짐"이다.

찬송시가 워낙 잘 만들어진 덕에 이런저런 멜로디가 붙여져 곳곳에서 같은 가사에 다른 멜로디로 불리다가 "예수가 거느리시니", "천지에 있는 이름 중" 등 수많은 명곡을 작곡한 윌리엄 브래드버리 William B. Bradbury가 작사가가 된 지 29년 뒤인 1863년에 현재의 곡을 작곡을 하였다.

이 찬송에 관한 사연을 볼 때 에드워드에게 중요한 역할을 한 가구 공장의 주인아저씨가 '지금의 주일학교 교사가 아닐까'라는 생각이 든다. 다시금 주일학교의 교사로 헌신하는 성도님들의 헌신은 정말 빛나는 훈장을 받을 일이라 강조하고 싶다.

다음은 에드워드가 《가스펠 헤럴드》The Gospel Herald 지에 보낸 편지의 내용인데, 자신의 작품에 대한 애착이 대단해서 저작권에 대한 서운함이 묻어나는 얘기다.

하루는 아침에 일을 하러 나가려고 하는데, '믿는 자로서의 은혜로운 경험'에 대해 찬송을 쓰고 싶다는 마음이 생겼어요. 그래서 홀본Holborn으로 가는 중에 후렴구를 만들었답니다. "주 나의 반석이시니 그 위에 내가 서리라."

그리고 한 날을 잡아 노래 전반부의 가사 네 줄을 써서 한 곡의 가사를 거의 마무리했어요.

안식일에 리슬 가Lisle Street에 미팅이 있어 가던 중에 이름이 "킹King"이라고 하는 사촌 동생을 만났는데, 그의 아내가 지금 많이 아프다고 하면서 꼭 찾아와서 한 번 아내를 만나 달라고 부탁을 했어요.

나는 이른 시간에 차를 마시고 그의 집으로 심방을 갔어요. 나를 만나기 전 그는 매일 습관처럼 하는 찬송을 하고, 성경을 읽고, 중보기도까지 하고 왔다며 지금 찬송가를 찾는데 찾을 수가 없다고 얘기를 하더군요.

그래서 나는 "내 주머니에 가사를 써 놓은 게 있는데, 싫지 않으면 함께 불러 보겠니?"라고 말했어요. 우리는 함께 불렀는데, 그의 부인이 너무나 좋아했어요. 심방을 마치고 일어서려는데, 그는 문

제가 되지 않는다면 자기 부인을 위해 그 곡을 좀 옮겨 적어 둘 수 있겠느냐고 했어요. 나는 집으로 돌아와서 난로 가에 앉아 가사 두 줄을 더 써서 완전히 마무리를 하여 사촌 동생의 집으로도 보내 주었어요. 그리고 이 찬송 악보를 일반대중들을 위해 천 부 인쇄하였어요.

나는 그 중 악보 한 부를 내 이름을 기입하지 않고 《스피릿추얼 매거진》The Spiritual Magazine에 보냈는데, 몇 차례에 걸쳐 소개되기도 하였어요. 1836년에 런던 소호Soho에 사는 리스Rees라는 이름을 가진 형제가 여러 찬양들을 편집해서 찬양집Edition of Hymns, 1836을 출판하였는데, 그 책에 이 찬송이 함께 실렸어요. 그리고 덴햄David Denham이라는 사람이 1837년에 이 찬송을 내 이름이 아닌 리스의 이름으로 이런저런 곳에 소개를 했어요. 그러한 도용에 대한 문제가 미래에 생기더라도 개인적으로 '나'라는 사람을 비켜갈 수 있을지는 모르겠지만 하나님의 교회에서 나와 많은 관계를 맺은 주위 분들에게 비난을 받게 되는 것은 피할 수 없을 것이에요.

Edward Mote
Letter to the Gospel Herald

E.모우트   W.B.브래드버리

488장_통539

no.18

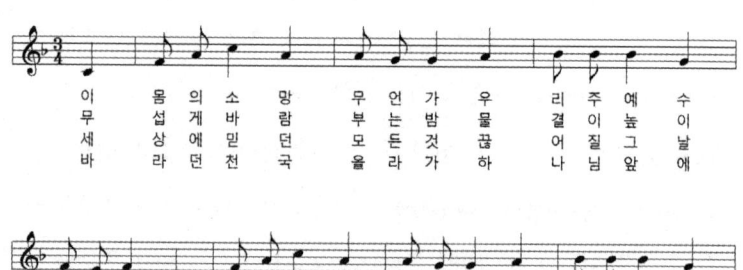

221장_ 통525

주 믿는 형제들

J. Fawcett 작사, J.H.G. Nageli 작곡

    1740년 1월 6일, 영국의 요크셔에서 태어난 존 파우셋John Fawcett, 1740~1817은 영국의 감리교단의 유명한 목사인 조지 화이트필드George White-Field, 1714~1770로부터 16살에 세례를 받고 하나님을 영접하게 되었다. 그는 감리교인이었지만 3년 후에 영국 브래드포드Bradford 시에 있는 침례교회에 출석하기 시작했다. 그는 이 후에 침례교인으로 성장하여 영국의 작은 시골 교회 목사가 되었다. 그곳은 요크셔 주에 있는 웨인즈 게이트Wains-gate라는 작은 마을이었다. 형편이 좋지 않은 이 시골 교회에서 그는 1년에 2백 달러도 되지 않는 사례비로 매우 어렵게 살아가고 있었는데, 1772년 런던의 유명한 침례교회인 카터침례교회Carter's Lane Baptist Church의 길 목사J. Gill로부터 그 교회의 목사로 와 달라는 요청을 받았다. 고민을 하던 그는 결국 이 제안을 받아들여 런던으로 떠날 결정을 하였다.

    마침내 마을을 떠나는 날, 그는 마지막 작별 설교를 마치고 마차에 그의 책과 가구, 또 많은 짐들을 실었다. 아내와 함께 떠날 채비를 다하고 보니 어느새 마차 주변에 성도들이 모여 들어 있었고, 이별을 아쉬

워하는 많은 사람들이 말없이 눈물만 흘리고 있었다. 가난하고 작은 시골 교회였지만 가족처럼 함께 했던 시간들이 떠올라 존 파우셋 목사와 그의 아내도 슬픔의 눈물을 함께 흘리고 있었다. 그리고 아내는 울다가 이렇게 말했다. "여보! 우리가 갈 길이 아닌 것 같아요. 주님이 원하시는 것이 무언지 다시 생각해야 할 것 같아요."

이내 그는 자신이 이 성도들을 등지고 도저히 떠날 수 없는 사람임을 깨달았다. 사람들이 보기에는 가난하고 초라한 삶이였지만 그가 이 교회에서 성도들과 나눈 사랑의 교제는 천국에서의 사귐과 같은 것이라는 것을 잘 알고 있었기 때문이었다.

그는 성도들의 도움으로 마차에 올렸던 짐을 다시 내려놓고 교회로 들어가 조용히 눈을 감고 기도를 드렸다. 기도를 한 뒤 그는 한 줄 한 줄 찬송시를 써 내려갔다.

찬송시의 제목은 "형제애Brotherly Love"라고 썼는데, 제목 그대로 1782년에 그의 찬송집에 실렸다. 그는 천국의 체험을 실생활에서 실제로 누리면서 살았던 참 행복한 사람이었다.

1793년에는 영국 브리스톨Bristol에 있는 침례교 아카데미의 총장으로 청빙을 받았지만 같은 이유로 이 교회를 떠나지 못하고 거절을 하였다. 그가 유일하게 그곳을 떠났던 시간은 1811년에 미국의 대학으로부터 신학박사 학위를 수여하기 위해서 잠깐 자리를 비웠을 때뿐이었다.

존 파우셋 목사

그는 가난하고 힘없는 사람들 곁에 남아 하나님의 사랑을 전하며 그렇게 평생을 살았다. 그리고 그의 삶은 찬양의 시로 남아 가난 중에 부유함을 누리고 연약함 속에 강건함을 누린 천국의 교제를 지금도 노래하고 있다. 1817년 7월 25일 77세의 나이 때, 주변 모든 사람들이 안타까움에 어쩔 줄 모르며 흘리는 뜨거운 눈물 속에 하나님의 부르심을 받았다.

이 곡의 작곡자인 한스 네겔리Johann Hans G. Nageli, 1773~1836는 1773년 5월 26일에 스위스 취리히 근처인 '웨치콘'이란 곳에서 성직자의 아들로 태어났다. 사람들은 그를 '스위스의 노래 선생님'으로 불렀다. 그는 실질적으로 스위스 대중음악계의 히어로였고, 그의 히트곡 "태어났음을 기뻐하라FREUT EUCH DES LEBENS"는 지금도 애창되고 있다. 신앙적으로는 여러 찬양단을 도우며 살았는데, 유명 독일 클래식 작곡가이며 국내에는 '쉴러'라는 이름으로 소개되었던 프리드리히 질허Friedrich Silcher,

1789~1860와는 매우 절친하고 아끼는 사이였다. 국내에 소개된 그의 곡은 '민로아' 선교사의 번역에 의해 보급되었다.

J.파우셋

J.H.G.네겔리

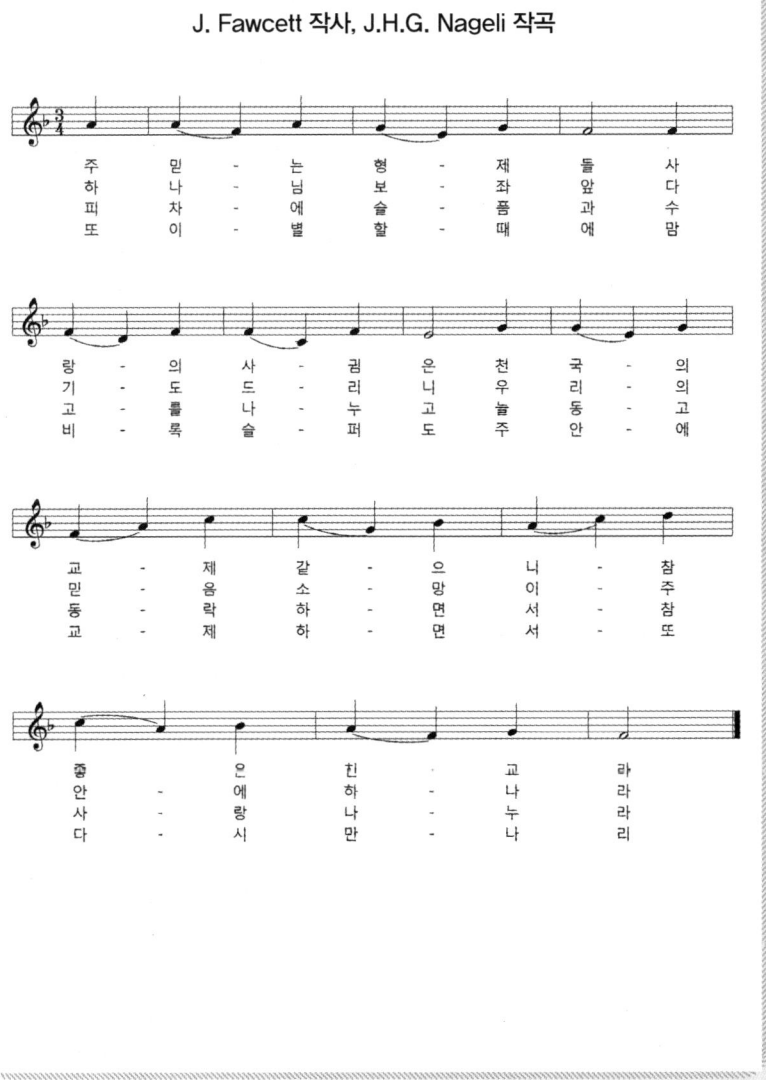

379장_ 통429

내 갈 길 멀고 밤은 깊은데

J.H. Newman 작사, J.B. Dykes 작곡

추기경이면서 대 문호였던 뉴먼

존 헨리 뉴먼John Henry Newman, 1801~1890은 1801년 2월 21일에 영국의 런던에서 태어난 가톨릭의 추기경이다. 그는 원래 법학을 공부하기 위해서 옥스퍼드 대학을 진학하였지만 중도에 전공을 바꾸어 신학을 공부하게 되었고, 23세인 1824년에 목사 안수를 받았다. 27세 때 영국 국교회 목사가 되었고 옥스퍼드 대학을 중심으로 일어났던 영적 각성운동의 지도자로 활동했다. 그러던 중 구교로 적을 옮기게 되었고, 옥스퍼드에 있는 성 클레멘트St. Clement's, Oxford에서 성직자로서 첫 직분을 받았다. 그리고 1879년에 벨라브로에 있는 성 조지St. George in Velabro에서 추기경이 되었다.

그는 1864년에 너무도 유명한 『그의 생애를 위한 변호』Apologia Pro Vita Sua라는 자서전을 냈고, "Dream of Gerontius"라는 시를 발표했는데, 굳이 한국말로 번역을 한다면 "노년의 꿈"이라는 뜻 정도가 될 듯하다. 이 시는 당시 많은 이들에게 영향을 끼쳤는데, "위풍당당 행진곡", "사랑의 인사"로 국내에도 잘 알려진 작곡가이며 영국 국민악파의 대표적인 인물인 에드워드 엘가Edward Elgar, 1857~1934가 1900년에 같은 제목의 오라토리오를 작곡하였을 정도이다.

자신의 죽음을 앞두고 기도로 하나님께 생명을 구한 뉴먼

1833년, 질병과 신앙 문제를 해결하기 위해 뉴먼은 요양 차 이탈리아의 시실리아 섬에 가게 되었다. 그런데 그만 심각한 열병에 걸려 지오반니 성에서 3주 동안 침대에 누워 있어야만 했다.

"답답한 마음이 들어 '밖으로 잠깐 나가볼까'라는 생각에 제가 누워 있던 침대에서 일어나려고 하는데, 저를 간호해 주던 이탈리아인인 하인이 근심어린 눈으로 저를 보았습니다. 그리고 조금 전 그녀가 나에게 몸이 나아질 것 같지 않으니 유서라도 남기는 게 어떻겠느냐는 말을 했습니다. 저는 다시 침대 끝에 앉았는데, 갑자기 목이 메면서 비통한 마음과 함께 눈물이 쏟아지기 시작했습니다. 정말 비참한 생각이 들었습니다. 도대체 내가 왜 이런 일로 시간을 보내고 있어야 하는지 답을 알 수가 없었습니다. '저는 영국으로 가야만 합니다. 할 일도 많고 당장 하루라도 빨리 가서 새 터를 마련해야 합니다.' 매일 이렇게 마음속에서 우러나는 저의 조바심을 억지로 다스리면서 그곳의 교회들을 방문하고 어떤 봉사와 헌신을 할지만 생각하고 있습니다. 저는 아직 죽지 않습니다. 하나님은 제가 영국에서 해야 할 일들을 계획하고 계십니다. 이 열병은 늘 남에 말에 귀 기울이지 않고 자아에 빠져 교만했던 지난날의 저를 징계하시는 것이니 이제 곧 괜찮아질 것입니다."

겨우 죽음의 고비를 넘긴 뉴먼은 섬을 떠나려 했지만 영국으로 가

는 배가 없어서 다시 발이 묶였다. 몇 주 후 그는 마르세이유Marseilles를 경유하는 과일오렌지 운반선이 있어서 그 배를 탔다. 그러나 가던 중 파도가 거칠어 보니파치오Bonifacio 해협에서 1주일 내내 기다릴 수밖에 없었다. 질병과 긴 고독 속에서 그는 인생의 막다른 골목에 처한 것 같은 기분이 들었다. 오직 그가 할 수 있는 일은 기도뿐이었다. 거친 파도를 보며 잠잠해지기만을 바라는 마음으로 그는 무릎을 꿇고 하나님을 찾았다. 그때 그의 마음을 울리는 소리가 들렸고, 기도를 마친 뒤 자신의 감정을 그대로 글로 옮기기 시작했다.

Lead, Kindly Light
주여, 당신의 등대 같은 밝은 빛으로 나를 이끌어 주소서

이 글이 찬송 "내 갈 길 멀고 밤은 깊은데"의 가사가 되었다. 1절의 가사는 이렇게 시작이 된다.

> 내 갈 길 멀고 밤은 깊은데,
> 빛 되신 주 저 본향집을 향해 가는 길 비추소서

2절에서는 과거의 후회스러운 그의 모습에 대해 확연하게 회개를 하고 있다.

> 이전에 방황하게 지낼때 교만하여 맘대로 고집하던 이 죄인 사하소서
> 내 지은 죄 다 기억 마시고 주 뜻대로 늘 주장하소서

그는 3절에서 주님을 향한 그의 소망을 솔직하게 표현하고 있다.

> 밤 지나고 저 밝은 아침에 기쁨으로 내 주를 만나리

그의 기도를 들으신 하나님은 결국 그를 이탈리아 시실리 섬의 북부 항구 도시인 팔레르모에 무사히 도착할 수 있게 도와주셨다.

이 곡은 1933년 1월 7일, 매사추세츠 노스앰튼 Northampton에 있는 에드워드 대교회에서 거행된 미국 제30대 대통령 캘빈 쿨리지 Calvin Coolidge, 1872~1933의 장례식 곡으로 쓰였다.

J.H.추기경

379장_통429

no.20

내 갈 길 멀고 밤은 깊은데

J.H. Newman 작사, J.B. Dykes 작곡

478장_ 통78

참 아름다워라

M.D. Babcock 작사

팔방미인이었던 몰트비

미국의 시인인 몰트비 뱁콕Maltbie Davenport Babcock, 1858~1901 목사는 다재다능한 사람이었다. 1858년 8월 3일, 뉴욕 주 시라큐스Syracuse에서 태어나 시라큐스대학과 오번신학대학Auburn Theological Seminary을 졸업한 그는 학창시절에는 대학에서 오케스트라를 지휘하고, 오르간 연주와 작곡, 아카펠라 합창단의 리더를 맡기도 했다. 또한 운동을 좋아해서 대학시절 야구팀의 주장으로 뛰었고, 수영선수로도 활동을 하였다. 하나님이 인간에게 주신 여러 재능에 호기심과 열정이 컸던 그는 정도가 지나치다 싶을 정도로 모든 일에 활발하고 왕성하게 참여하였다. 재능이 너무 많은 그였기에 늘 주변 사람들에게 자신은 성직자가 되기보다는 전문 음악인이 되고 싶다고 말을 해 왔다. 그러나 꿈과 현실은 항상 빗나가는 게 세상의 원리인지는 몰라도 그의 의지와는 달리 그는 성직자의 길을 걷게 되었다.

그는 28살이 된 1886년에 뉴욕 주의 락포트Lockport의 제일장로교회The First Presbyterian Church에서 첫 목회 생활을 시작하게 되었다. 그리

고 메릴랜드 주 볼티모어에 있는 존스홉킨스대학Johns Hopkins University
에서 학생들을 위한 상담역을 맡아서 일을 했다. 그는 이 일로 인해 자
주 볼티모어에 들르게 되었는데 그곳에 있는 브라운교회Brown Memorial
Church에서 그를 청빙하였다.

주신 달란트를 빠짐없이 그대로 쓰게 만드시는 하나님

이 후 그는 각 대학을 다니며 설교를 하게 되었는데, 은혜롭고 감
동이 넘치는 설교로 미국 전역에 걸쳐 그의 이름을 모르는 사람이 없
을 정도였다.

몰트비 목사는 신학적으로 깊이가 상당하거나 성경 해석에 있어서
남다른 특별한 재주가 있는 자는 아니었다. 하지만 그의 영성은 언제나
맑았고 모든 사람들이 신선하게 받아들일 정도의 윤리적 진실성을 갖고
있었다. 그 밖에 그는 적극적인 마인드, 폭 넓고도 다양한 상식, 드라마
틱하게 대중을 이끌어 가는 능력, 유창한 말솜씨, 사람을 끄는 매력이
넘치는 사람이었다. 이 모든 것이 하나님이 그에게 주신 선물이었는데,
그중에서도 가장 큰 선물은 긍정적인 성격Positive Power이었다.

하나님은 그에게 어릴 적부터 많은 재주를 주셨는데, 삶 속에서 다
양한 분야의 일들을 겪게 하여 경험과 능력을 키우게 만드셨고 하나님
의 사자로 쓰임을 받게 하셨다. 이같이 기쁜 일이 또 어디에 있을까? 하
나님의 계획은 매우 섬세하다는 것을 다시 확인할 수 있는 일이다.

아버지의 세계를 품에 안고 가다

몰트비 목사는 계속해서 14년 정도를 볼티모어에서 목회 생활을 한 후에 "기뻐하며 경배하세"를 작사한 것으로 유명한 헨리 반 다이크Henry Jackson van Dyke, 1852~1933 목사의 은퇴로 인해 공석이 된 뉴욕의 브릭장로교회Brick Presbyterian Church 목사로 부임는데, 모든 사람들이 그를 당대 최고의 목사라고 부르기를 주저하지 않았다.

그러나 그는 대단한 명성에 연연하지 않고 해외선교를 위한 소망을 품고 있었고, 결국 성지로 떠나기를 결심하였다. 그는 부임 1년 6개월 만에 마침내 '브릭교회'의 담임 목사직을 사임하고 장도의 길을 나섰다.

안타깝게도 해외선교지에서 많은 계획을 가지고 정열적으로 일하던 몰트비 목사는 선교지에서 사역한 지 얼마 지나지 않아 브루셀라균 감염에 의해 사망하였다.

그가 살아 있는 동안에 그가 직접 찬송집을 펴 낸 적은 없었고, 예기치 못했던 그의 사망 이후 부인인 캐서린이 그의 작품들을 정리해서, 이 찬송 "참 아름다워라"를 비롯한 많은 작품들을 찬송집으로 출판하게 되었다. "참 아름다워라"는 은혜가 넘치는 몰트비 목사의 가사를 영국 민요에 붙여서 아름다운 찬양곡이 된 작품이다.

이 찬송 "참 아름다워라"는 그의 첫 부임지인 락포드교회에서 시무할 때 만든 찬송시이다. 그는 시무 중에 온타리오 호수와 주변 경치를 즐기면서 산책하기를 매우 좋아했다. 그는 산책을 위해 집을 나설 때마다 어김없이 그의 아내에게 "나는 지금 내 아버지의 세계를 보러 갑니다, I'm going out to see my Father's world"라고 말하면서 나갔다.

이 찬송의 원제목은 "이것이 바로 내 아버지의 세상입니다 This is my father's world"이다.

참 아름다워라 주님의 세계는…그 솜씨 크도다

이 찬송을 들으면 감격에 젖은 몰트비 목사의 모습이 보이는 듯하다. 하나님께서 만드신 세상을 볼 때마다 그는 감격했다. 그 이유는 그의 삶이 늘 기쁨에 넘쳤기 때문이다. 그는 호수의 물빛을 보아도 주변의 돌들을 보아도 다 하나님의 작품임을 알고 하나님의 숨결을 늘 느끼고 있었던 것이다. 세상의 모든 피조물들이 하나님을 찬양하고 있는 것이기 때문이다. 하나님을 향한 그의 신뢰와 친근감은 눈에 보이는 자연뿐만 아니라 우주 전체가 연주하고 있는 세상에서 가장 큰 규모의 오케스트라 음악까지 들을 수 있었던 것이다. 창조주 하나님을 향한 자랑스러움, 그 감격의 마음을 담아 시로 쓴 곡이 찬송가 "참 아름다워라"이다.

그 소리 가운데 주 음성 들리니
주 하나님의 큰 뜻을 나 알듯 하도다 3절 가사 중

세상 속에서도 주님의 음성을 듣던 그가 이제는 하나님의 곁에서 세상을 보고 있을 모습을 생각하니 참 평안이 넘친다.

M.D.뱁콕

참 아름다워라

M.D. Babcock 작사

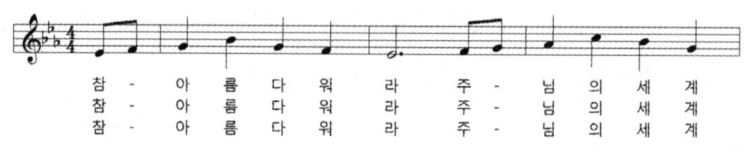

참 - 아 름 다 워 라 주 - 님 의 세 계
참 - 아 름 다 워 라 주 - 님 의 세 계
참 - 아 름 다 워 라 주 - 님 의 세 계

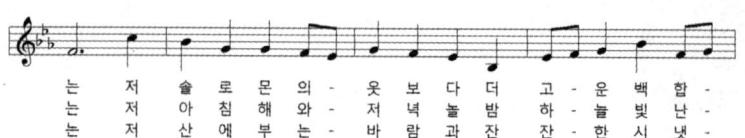

는 저 솔 로 몬 의 - 옷 보 다 더 고 운 백 합 -
는 저 아 침 해 와 - 저 녁 놀 밤 하 늘 빛 난 -
는 저 산 에 부 는 - 바 람 과 잔 잔 한 시 냇 -

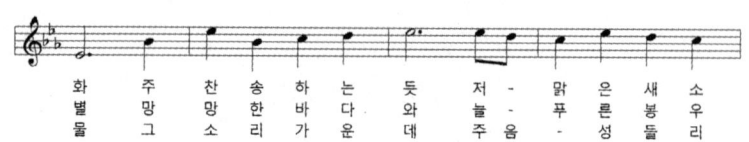

화 주 찬 송 하 는 듯 저 - 맑 은 새 소
별 망 망 한 바 다 와 늘 푸 른 봉 우
물 그 소 리 가 운 데 주 음 - 성 들 리

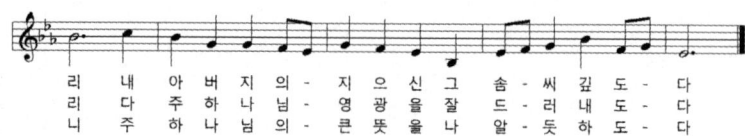

리 내 아 버 지 의 - 지 으 신 그 솜 - 씨 깊 도 - 다
리 다 주 하 나 님 - 영 광 을 잘 드 러 내 도 - 다
니 주 하 나 님 의 - 큰 뜻 을 나 알 - 듯 하 도 - 다

382장_ 통432

너 근심 걱정 말아라
C.D. Martin 작사, W.S. Martin 작곡

병든 아내와 설교 부탁을 받은 월터 마르틴 목사

이 찬송의 작사자인 시빌야 마르틴Civilla Durfee Martin, 1866~1948은 1866년 8월 21일, 캐나다 노바스코샤Nova Scotia, Canada에서 태어났으며, 작곡자인 남편 월터 마르틴Walter Stillman Martin, 1862~1935은 1862년 3월 8일에 매사추세츠의 로우리Rowley에서 태어났다.

월터 마르틴은 하버드대학을 졸업한 후 침례교 목사가 되었지만 후에 기독교 교파의 사도로 전향했다. 그는 1916년에 노스캐롤라이나의 윌슨Wilson, North Carolina에 소재한 애틀랜틱신학대학Atlantic Christian College에서 교수로 재직하였다. 3년 후 그는 교수직을 그만 두고 전미 지역을 대상으로 하는 성경에 관한 집회와 전도 집회를 진행하기 위해 조지아 주 애틀랜틱으로 거처를 옮겼다. 그 후 이곳에서 두 부부는 여생을 보냈다.

1900년 월터 마르틴 목사가 38세일 때 목사 부부는 아홉 살 난 아들과 함께 뉴욕 주의 레스터Lester에 있는 한 성경학교를 방문했다. 아내 시빌야 마르틴 여사의 건강이 상당히 좋지 않아서 사역의 여정을 감당하

기가 매우 힘들었지만 월터 마르틴 목사는 그곳 성경학교 교장 선생님과 공동으로 찬송가 편찬 작업을 하던 중이라 일정을 취소할 수가 없었다. 그리고 그 성경학교 근처에 작은 집을 얻어 임시로 거처하고 있었다.

그런데 그동안 여러 가지 중요한 일정으로 인해 시비야 마르틴 여사를 병원에 입원하게 하려고 하던 일도 차일피일 미루게 되었고, 그로 인해 아내의 몸은 더욱 쇠약해져 병세가 완연히 악화되고 있었다. 남편인 월터 마르틴 목사가 잠시도 아내가 누워 있는 병상을 떠나지 못할 정도였다. 월터 마르틴 목사는 자신 때문에 아내의 병이 더욱 심해지게 된 것이라 자책하면서 교장 선생님께 양해를 구해서 찬송가 편집 일을 중단하고서라도 병원으로 가는 일을 서둘러야겠다고 마음먹었다. 무엇보다 큰 벌이가 없던 터라 병원비를 감당할 자신이 없어 병원에 갈 일을 서두르지 못한 자신이 원망스러웠다.

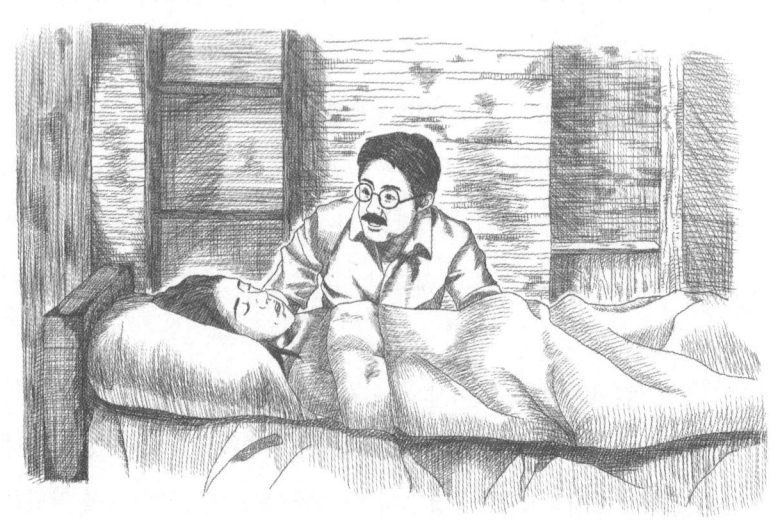

이때 그 성경학교를 통해 어느 교회에서 월터 마르틴 목사에게 주일 저녁예배 설교를 부탁해 왔는데, 아내의 병간호로 근심이 컸던 월터 마르틴 목사는 고민을 하다가 결국 사정을 얘기하고 설교 부탁을 거절하는 것이 좋겠다는 생각을 했다.

이 모습을 지켜보던 어린 아들이 월터 마르틴 목사에게 다가와서, "아빠! 만일 오늘 거기에서 설교하는 것이 하나님의 뜻이라면 아빠가 안 계시는 동안 하나님께서 엄마를 지켜 주시리라 생각하지 않으세요?"라고 말했다. 아들의 말에 부부는 큰 감동을 받았고 마르틴 목사는 기쁜 마음으로 설교를 위해 집을 나섰다.

하나님이 직접 치유하시다

다음은 시비야 마르틴 여사의 간증이다.

"뉴욕의 성경학교에 있을 때 계속해서 저는 병으로 인해 침대 신세만 지고 있었습니다. 남편은 몇 주째 학교 교장 선생님의 요청으로 찬송집을 만들고 있었습니다. 그러던 어느 주일 오후, 미리 약속이 되어 있었던 설교를 놓고 남편은 저를 병상에 두고 그곳에 가야할지 말지를 고민하고 있었습니다. 그러나 결국 어린 아들의 설득으로 남편은 설교하기로 결정했습니다. 그리고 저는 제 남편이 집을 비운 사이에 '주님이 너를 지키리 God will take care of you'라는 글을 쓰게 되었습니다.

집에 아들과 저만 남겨져 있는 상황에서 저는 그저 하나님께 저의 병이 낫기만을 구했습니다. 처음에는 남편이 얼른 돌아오기만을 바라는 마음뿐이었습니다. 그런데 어린 아들이 병상에 함께 앉아 저를 안심시키고 있었습니다. '엄마, 하나님이 곧 엄마 병을 낫게 해 주실 거예요. 어느 의사보다 하나님이 고치시면 빨리 나을 거예요.'

그 순간 아들이 저에게 용기를 주는 이야기 하나하나가 제 가슴에 맺혀졌습니다. 맞습니다. 어린 아들의 말이 맞았습니다. 저는 그때 말할 수 없는 감격이 밀려들어 오며 눈물과 함께 하나님께 기도했습니다. 그간의 있었던 일들과 제가 병마와 싸웠던 이야기까지 모든 것을 주님께 다 꺼내 놓을 수가 있었습니다. 제가 한동안 침대에서 주님께 기도를 드리고 있을 때 확실하게 주님의 음성이 저에게 들렸습니다. '내가 너를 지키리라.'는 말씀이 크고 분명하게 제 귀에 들렸습니다. 저는 제가 기도 중에 들은 주님의 음성을 기록하여 남기고 싶었습니다."

너 근심 걱정 말아라
주 너를 지키리
주 날개 밑에 거하라
주 너를 지키리 주 너를 지키리
아무 때나 어디서나 주 너를 지키리
늘 지켜 주시리(너를)

병으로 인한 어려움은 2절에 표현하였다.

어려워 낙심될 때에 주 너를 지키리
위험한 일을 당할 때 주 너를 지키리

어려웠던 살림살이에 대한 고백과 희망은 3절에 표현하였다.

너 쓸 것 미리 아시고 주 너를 지키리
주하는 것을 주시며 주 너를 지키리

"그날 밤, 설교가 은혜로웠다고 기쁜 얼굴을 하면서 돌아온 남편에게 제가 쓴 글을 주었고, 남편은 바로 방안에 있는 작은 '빌혼 풍금'에 앉아 곡을 쓰기 시작하였습니다. 그날 저녁에 남편과 저를 찾아오신 교사 두 분이 함께 이날 완성된 곡을 제 침대 주변에서 불렀는데, 제 안에 있던 모든 병이 완전히 완쾌되는 감동을 느꼈습니다."

단란한 한 가족의 고백으로 완성된 이 찬송은 지금도 세계 곳곳에서 병상에 있는 자들과 염려와 근심에 눌린 자녀들을 일으키며 간증의 찬송으로 불리고 있다. 시비야 마르틴 여사는 이 일로 병이 완전히 치유되는 경험을 하였고, 82세까지 장수하였다.

미국 백화점 왕인 페니의 간증

'제이 씨 페니 J.C. Penny'라는 최고의 백화점 브랜드의 창업자이며 미국의 백화점 왕이라고 불리는 제임스 페니 James Cash Penney, 1875~1971는 사업 초기 때 심각한 대상포진에 걸려 미시건 주에 있는 한 병원에 입원해 있었다. 그는 상실감과 기력쇠진으로 삶의 방향을 전혀 찾지 못하고 있었다. 그러던 중 어느 날, 병원 옆 교회에서 흘러나오는 이 찬송

"너 근심 걱정 말아라"를 듣게 되었다.

이 찬송이 페니의 마음 속 깊이 박히게 되었고, 페니는 매일 이 찬송을 부르면서 하나님께 완전한 치유를 구하였는데, 결국 그는 점차 기력을 회복하면서 완전한 건강을 찾게 되었다. 그리고 그는 이 찬송을 통해 얻은 건강과 희망을 통해 백화점 체인사업을 시작하였고, 사업에 관련된 것과 자신의 매일 살아가는 삶에 대해 하나님께 감사하는 마음으로 십일조를 드렸다. 처음에는 수입의 15%를 하나님께 드렸는데, 수입이 늘어날수록 십일조도 늘려서 점점 20%, 30%, 나중에는 50%를 하나님께 드렸다. 그랬더니 하나님께서 은혜 가운데 그의 사업을 축복하셔서, 전국 1,660개의 백화점을 세우는 놀라운 성공을 거두게 하셨다. 하나님께서는 심은 대로 거두게 하시고, 행한 대로 갚아 주시는 놀라운 은혜의 하나님이시다.

C.D.마르틴　　W.S.마르틴　　J.C.페니

너 근심 걱정 말아라

C.D. Martin 작사, W.S. Martin 작곡

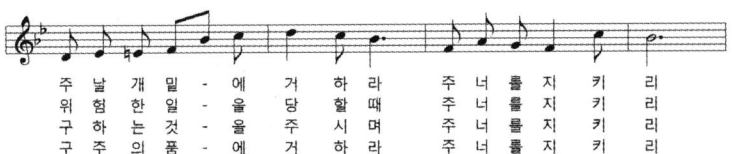

310장_ 통410

아 하나님의 은혜로

D.W. Whittle 작사, J. McGranahan 작곡

남북 전쟁에 참여하여 팔을 잃고 주님을 영접하다

　1840년 11월 22일 미국 매사추세츠 주에서 태어난 다니엘 웹스터 휘틀Daniel Webster Whittle, 1840~1901의 어렸을 적 이름은 지금과는 다르다. 그의 부모님에게는 미국의 유명한 정치가인 '다니엘 웹스터'의 이름을 받게 되는 상당히 영광스러운 일이 있었는데, 부모님은 그 이름을 어린 아들에게 붙여 주었다. 그러나 아들이 유명하고 부유한 사람으로 성장하길 바라던 부모님의 기대와 달리 그의 인생은 평탄하지 않았다.

　청년으로 성장한 이후 은행에서 근무하며 안정된 삶을 살았지만 1861년 갑자기 남북전쟁이 일어났고, 확실한 국가관과 용맹성을 가지고 살던 그로서는 주저할 이유도 없이 곧 북군에 지원을 하게 되었다. 그리고 그는 군대에 지원을 하자마자 전투에 투입되어 여러모로 군에서 인정을 받게 되었다. 그런데 불행하게도 그는 치열한 전투 중에 수류탄 파편을 맞아 오른팔을 잃고 포로로 잡혀 병원에 입원까지 하게 되었다. 괴로운 마음으로 병상에 누워 있던 그는 군에 입대할 때 어머니가 건네 준 작은 성경책을 펼쳐 보곤 했다.

하루는 간호사가 그에게 다가와 전쟁 중에 부상을 당해서 시름하는 소년 병사를 위해 기도해 달라는 부탁을 했다. 그 소년은 심한 부상으로 죽음을 앞두고 있었다. 자신은 그럴 자격이 없는 사람이라며 거절하던 휘틀은 병실 침대 앞에 무릎을 꿇고 더듬거리며 자신의 죄를 회개한 후 소년 병사를 위해 기도했다.

휘틀이 간호사에게 자신이 기도를 할 만한 자격이 없다고 말한 이유는 그가 아직 하나님을 영접하지 못하였기 때문이었다. 그러나 간호사는 매일 성경을 읽고 있는 모습을 보고 당연히 그가 크리스천일 것이라고 생각해서 부탁을 한 것이었다. 상실감으로 인해 성경을 펴보긴 했지만 그가 제대로 기도를 해 본 적도 없었고, 더구나 소리를 내서 기도를 한다거나 남을 위해서 기도한다는 것은 훨씬 어려운 일이었다.

소년은 곧 세상을 떠났지만 기도를 마친 휘틀이 일어서서 그 소년의 얼굴을 보자 조금 전까지 고통스러워 어쩔 줄 모르던 표정은 사라지고 아주 편안한 모습으로 숨을 거두었다. 이 모습은 그에게 큰 감동을 주었고 이 일을 통해 하나님께서 자신을 사용하실 것이라는 확신이 들었다. 이제 하나뿐인 팔로 무엇을 할 수 있을까 생각하던 그에게 새로운 용기가 생긴 것이다. 물론 이 소년 병사를 위해 기도를 하게 하신 하나님이 그의 마음에 직접 찾아오셔서 진실로 휘틀이 하나님을 영접할 수 있었다. 이때 그 병사가 운명하고 난 뒤에 써 둔 찬송시가 찬송 310장통 410장 "아 하나님의 은혜로"이다.

이제 그 찬송시를 살펴보기로 하자. 휘틀이 받은 감동과 은혜가 고스란히 담겨져 있다.

> 아 하나님의 은혜로 이 쓸데없는 자
> 왜 구속하여 주는지 난 알 수 없도다
> 왜 내게 굳센 믿음과 또 복음 주셔서
> 내 맘이 항상 편한지 난 알 수 없도다
> 왜 내게 성령 주셔서 내 맘을 감동해
> 주 예수 믿게 하는지 난 알 수 없도다

이 찬송의 영문 제목은 "I Know whom I have believed"이다. 의지가 강하고 곧은 성품을 가졌던 휘틀은 팔을 잃고 사실 너무나 큰 상실감에 젖어 사망의 음침한 골짜기에 빠져 있었는데, 주님은 그로 하여

금 주님의 말씀을 보게 하시고 하나님을 만나는 기회를 주셨다. 그는 새 삶을 살게 되었고, 그에게 너무나 큰 평안을 주셨다.

무디 전도단에 들어가 맥그라나한을 만나다

의병 제대를 한 휘틀은 유명 시계 회사인 엘진Elgin에 들어가 10년간 재무 담당으로 일했다. 생활은 안정되었고 세상적으로는 여러모로 윤택한 삶을 영위하고 있었지만 영적으로는 메마른 일상이 반복될 뿐이었다. 무언가 하나님을 위한 일을 하고 싶은데, 그러한 갈급함이 해결되지 않고 있었기 때문이었다.

어느 날 그는 무디 목사가 인도하는 부흥집회에 참석하게 되었고, 그날 밤, 폭포수처럼 부어지는 하나님 은혜를 체험하게 되었다. 그 후 무디 목사의 2년에 가까운 끈질긴 설득 끝에 휘틀은 회사를 그만 두고 1873년부터 무디 목사와 함께 전도 대열에 뛰어들어 물을 만난 물고기처럼 열과 정성을 다하여 헌신하였다.

그러던 중 1876년, 찬송 "내 평생에 가는 길", "달고 오묘한 그 말씀", "할렐루야 우리 예수" 등을 작곡한 위대한 작곡가이며 당시 무디 전도단의 찬양 총감독을 맡고 있던 필립 블리스Philip Paul Bliss, 1838~1876가 찬양 집회를 위해 이동하던 중에 비극적인 열차 추락사고로 사망하는 사건이 발생했다. 휘틀은 무디 전도단의 같은 멤버로서 사고 현장에 가게 되었는데, 그곳에서 평생 함께 할 작품의 파트너가 되는 작곡가 제임스 맥그라나한James McGranahan, 1840~1907과 운명적인 만남을 갖게 되었다.

이 만남은 단순한 만남이 아니고 하나님의 세밀한 계획 속에서 이루어진 만남이었다. 대작곡가이던 필립 블리스가 불의의 사고로 젊은 나이에 하나님의 부르심을 받았지만 놀라운 사실은 블리스가 열차 사고가 나기 전, 제임스에게 모든 시간을 주님께 드리기 위해 전도단에 들어와 일을 하기를 원한다는 강권하는 편지를 보냈다는 것이다. 편지를 받은 제임스는 사고 현장에 갈 수밖에 없었고, 휘틀은 그곳에서 블리스의 후임자를 만나게 된 것이다.

하나님이 만나게 해 주신 이 두 사람, 휘틀과 제임스는 "주의 진리 위해 십자가 군기", "빈들에 마른 풀같이", "아 하나님의 은혜로" 등 수많은 명작을 남기게 되었다.

D.W. 휘틀   J.맥그라나한

310장_통410

no.23

28장_ 통28

복의 근원 강림하사

R. Robinson 작사

이발사의 꿈을 접고 목사가 되다

로버트 로빈슨Robert Robinson, 1735~1790은 영국 노포크Norfolk에서 1735년 9월 27일에 태어났는데, 아버지가 일찍 돌아가셔서 가정 형편이 매우 어려웠다. 로버트를 홀로 키우던 어머니는 가난에서 벗어나기 위한 지극히 현실적인 대안을 생각하게 되었는데, 그것은 바로 14세가 된 로버트를 런던으로 보내는 것이었다. 그 이유는 로버트에게 이발사 기술을 배우게 하기 위한 것이었고, 더 나아가 미용도구를 팔고 사는 무역업을 하였으면 하는 마음이 있었기 때문이다. 그러나 미용 학원에서 로버트에게 기술을 가르치던 선생님은 로버트가 미용 기술을 배우는 것보다 책 읽는 것을 훨씬 더 좋아한다는 것을 발견하는 데 그리 오랜 시간이 걸리지 않았다. 로버트는 손에 가위를 들고 있는 상황에서도 틈만 나면 자리에 앉아 책을 펴고 그 책에 빠져드는 일이 너무 빈번했다. 그래서 미용 선생님은 로버트에게 "네가 갈 길이 이런 미용 기술이 아닌 것 같으니, 네가 좋아하는 일을 빨리 찾는 게 좋겠다. 이렇게 시간을 보내다간 아무것도 이루지 못할 수도 있어."라고 자상하게 말을 전했다.

로버트는 홀로 계신 어머니께 걱정을 끼치지 않기 위해 미용 학원을 그만둔 것을 알리지 않고 이런저런 돈벌이를 겸하면서 공부를 하기 시작했다. 그리고 원래 가족들이 천주교 신자였으나 그는 17세가 되던 해에 조지 휘필드의 영향을 받고 개신교로 개종을 하였다. 그는 신학에 더욱 관심을 갖게 되었는데, 열심히 공부한 결과, 결국 감리교 목사가 되었다. 그는 목사가 되어 안정적인 목회 생활을 시작하였다. 예수님을 사랑하는 마음도 있었고, 목회에 대한 열정도 있었다. 그리고 많은 찬송시도 만들었다. 모든 사람들이 그를 따르고 그도 목회 생활에 대해 서서히 만족하는 모습이었다.

하지만 그것은 주변에서 느끼는 생각일 뿐이었다. 어려서부터 집을 떠나 자유롭게 자라 온 그의 타고난 기질과 습관, 생활은 너무나 자유분방하여 이 은혜로운 목회 생활을 정적인 일이라 느끼며 점차 자신이 불편하게 살고 있다는 생각을 하기 시작했다. 부유함을 버리고 검소하게 살아야 하고, 모든 행동에 절제가 있어야 하고, 감정적으로도 늘 감추고 자제해야 하는 목회자의 어려운 길이 그에게는 너무나 큰 스트레스로 작용하고 있었다. 매일 개인적인 안타까운 사연을 가지고 로버트 목사에게 찾아오는 성도들의 고민을 듣는 일도 그저 지겨울 따름이었다. 이 목회자의 길이라는 것은 정말 자신과는 맞지도 않고 감당도 할 수 없는 일이라는 생각이 점점 굳어져 가고 있었다.

사탄에 꾐에 빠져 넘어지고 방탕한 생활을 일삼다

로버트는 예수님을 향한 사랑은 깊었지만 늘 신앙의 기복이 심했다.

그는 신실하지 못하고 아무 자격 없는 자신을 용서하시며 다시 받아 주시는 하나님께 감사의 마음을 고백했다. 하지만 이런 회개와 참회에도 불구하고 방탕한 생활이 반복되면서 그는 신실하고 온전한 신앙생활을 하지 못하고 있었다.

죄가 그의 삶 속에 뿌리를 내렸고, 그는 탕자처럼 방황하기 시작했다. 목사라는 직분도 이제는 완전히 잃어버렸다. 술에 취해 매일 밤을 보내고 이런 저런 여자들도 가까이 하고, '성경에 나오는 집 떠난 탕자의 모습이 이보다 더 할 수 있을까?' 할 정도였다. 주변의 조언을 하던 사람들도 그에 대한 실망과 함께 다 떠나고, 이제 그에게 어떠한 작은 기대조차도 하는 사람은 아무도 없었다. 이러한 방탕하고 절제력 없는 생활이 매일 반복되다 보니 그는 더 이상의 죄책감도 느낄 수 없었다. 자신의 죄에 대한 어떠한 감각도 전혀 없었다.

자신의 모습을 돌아보게 되다

어느 날 아침, 정신을 차리고 보니 알 수 없는 낯선 곳에 있었다. 도대체 얼마나 술을 많이 마셨는지 지금의 이곳까지 어떻게 왔는지 전혀 기억이 나지 않았다. 지난밤 누구랑 무슨 이야기를 하면서 여기까지 왔는지 전혀 생각이 나지 않았다.

'내가 지금 내 인생의 길에서 어디에 와 있는 건가?'라는 생각이 그의 머릿속으로 깊이 들어와 있었다. 꽤 긴 시간을 멍하니 있었는데, 후회가 밀려들기 시작했다. '나'라는 사람은 이렇게 나약한 존재였나? 내가 왜 이렇게 되었지? 긴 시간 방황하던 그가 정신이 돌아오면서 자신을 돌아보게 된 것이다. 하지만 깊은 생각에 잠겨 보니 주님과는 이제 너무도 멀리 떨어져 있는 자신을 곧 확인하였다. '내가 어떻게 하면 예수님의 얼굴을 다시 볼 수 있을까?' 오히려 그는 현재의 자신의 모습을 보고 낙심하였다. 어디서부터 다시 추슬러서 주님의 품으로 돌아갈지 막막하기만 하였다.

여행 중 한 여인을 만나다

그는 너무도 괴로운 심정으로 후회의 나날을 보내다가 자기 정죄에서 벗어나고자 먼 곳으로 여행을 떠나기로 했다. 아주 멀리 목적지도 없이, 지난 시간 동안의 방황의 뿌리는 무엇인지 주님과 자신과의 관계에 무엇이 가로 막고 있었는지 혼자서 그 끝을 확인하고 싶었다.

그런 여행의 일정 중에 어느 날, 한 여자와 마차를 같이 타게 되었다. 로버트가 말을 걸려고 하지 않았는데도 그녀는 그에게 말을 걸어 왔고, 그녀는 자신을 소개하면서 찬송가를 공부하고 있다고 말했다. 그리고 꼭 주님을 찬양하는 찬송을 많이 만들었으면 한다는 이야기까지 하였다.

그녀는 너무나 예수 그리스도로 인해 마음속에 기쁨이 가득했기 때문에 오직 대화의 내용은 그리스도에 대한 이야기뿐이었다. 그는 그런 대화에 대한 피해 의식이 가득했고, 무슨 대답도 할 수가 없었다. 달리는 마차에서 뛰어내리고 싶은 마음뿐이었지만 그럴 수는 없었기 때문에 로버트는 어쩔 수 없이 마차 밖을 쳐다보며 그녀의 얘기를 들어야만 했다. 이 순간을 벗어나고픈 마음뿐이었고, 그녀의 이야기는 그에게 도움이 되는 것이 아니라 점점 초라한 자신의 모습을 재차 확인만 시켜 주고 있었다.

그렇게 자신의 이야기를 전하던 그녀의 무릎 위에는 찬송가가 한 권 놓여 있었다. 그리고 그녀가 로버트에게 "선생님! 이 찬송을 아시는지 모르겠지만, 이 찬송은 저의 삶에 큰 영향을 주었을 뿐 아니라 제 삶을 통째로 바꾸어 놓았습니다."라고 하면서 찬송가의 한 페이지를 펼쳐서 보여 주었다. 그것은 찬송가 28장인 "복의 근원 강림하사 Come, Thou fount of every blessing"였다.

갑자기 눈물을 흘리며 두 손으로 자신의 얼굴을 감싸던 로버트가 떨리는 입술로 이야기하기 시작했다. "제가 바로 그 찬송의 작사자입니다. 하지만 저는 주님을 볼 낯이 없습니다. 저는 지금껏 주님을 부정하고 사탄의 꾐에 빠져 너무도 주님의 곁을 멀리 떠나서 살았습니다." 그 찬송은 다름이 아닌 로버트 자신이 과거 목회자 생활을 할 때 작사한 찬송이었다. 자신의 삶을 고백하는 로버트의 눈에는 후회와 회개가 뒤엉켜 하염없는 눈물이 쏟아졌다. 그녀도 너무 놀라 한동안 할 말을 잃고 있다가, 그 찬송의 가사를 다시 한 번 읽어 주면서 언제 어디서나 주님의 자녀들에 대한 한량없이 자비하신 하나님의 사랑을 전했다. 로버트는 그 마차 안에서 울면서 하나님께 살려 달라고 기도를 하면서 새롭게 태어나기를 애원하였고, 하나님은 그에게 한없는 평안을 주셨다. 탕자로 살다가 돌아온 아들을 맨발로 뛰어나와 안아 주는 아버지의 마음으로 하나님은 그를 안아 주셨다.

'과연 로버트가 만난 그 여인은 누구였을까'라는 생각을 하게 된다. 하나님이 보내 주신 천사가 아닐까? 하나님은 방황하던 그를 회심시키기 위해 천사를 보내 주신 것이었다.

이후 로버트는 본연의 모습으로 돌아와서 영국캠브리지에서 침례교 목사로 마지막 생을 주님께 온전히 드렸다. 이처럼 우리가 하나님으로부터 멀리 떠나 있다 할지라도 하나님은 결국 우리를 찾아내신다.

로버트 로빈슨 목사가 작사한 이 찬송시는 미국 민요에 붙여져서 전 세계의 많은 성도들로부터 사랑받는 찬송곡이 되었다. 구전으로 전해지던 이 찬송은 '존 웨이드'가 1813년에 편찬한 찬송곡집에 실려 온 세상에 알려졌다.

* 존 웨이드 John Wyeth, 1770~1858는 미국 매사추세츠에서 태어나 소년 시절부터 인쇄견습공으로 일을 시작했다. 21세 때 '산토 도밍고 Santo Domingo'에 있는 인쇄 회사의 경영을 맡게 되었는데, 이 지역에 폭동이 일어나 겨우 목숨을 건져 탈출을 하게 되었다.

1792년에 다시 미국으로 돌아와 펜실베이니아 해리스버그Harrisburg에 출판회사를 만들고 신문사The Oracle of Dauphin의 공동 경영자가 되었다. 미국의 조지 워싱턴 대통령George Washington이 존 웨이드를 이 지역의 우체국장으로 임명하였는데, 그는 이 우체국장 일을 1년밖에 하지 못했다. 후임 대통령인 존 애덤스John Adams가 정치적인 이유로 신문사를 제재하면서 5년 동안 일을 못하게 만들었기 때문이다.

R.로빈슨　　J.웨이드

28장_톡28

no.24

복의 근원 강림하사

R. Robinson 작사

복 의 근 원 강림하 사 찬 송 하 게 하 소
주 의 크 신 도움 받 아 이 때 까 지 왔 으
주 의 귀 한 은혜 받 고 일 생 빚 진 자 되

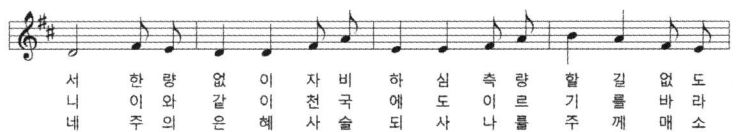
서 한량 없 이 자비 하 심 측량 할 길 없 도
니 이와 같 이 천국 에 도 이르 기 를 바 라
네 주의 은 혜 사슬 되 사 나 를 주 께 매 소

다 천사 - 들의 찬송 가 - 를 내 게 - 가 르 치 소
네 하나 - 님의 품을 떠 - 나 죄에 - 빠 진 우 리
서 우리 - 맘은 연약 하 - 여 범죄 - 하 기 쉬 우

서 구속 하 신 그 사랑 을 항상 찬 송 합 니 다
를 예수 구 원 하시 려 고 보혈 흘 려 주 셨 네
니 하나 님 이 받으 시 고 천국 인 을 치 소 서

알고 부르면 은혜로운 **찬 송 가**_163

오 놀라운 구세주

F.J. Crosby 작사, W.J. Kirkpatrick 작곡

할머니의 고귀하고 위대한 유산

페니 크로스비 Fanny Jane Crosby, 1820~1915는 미국 뉴욕의 작은 마을 푸트남에서 태어난 지 불과 6개월 만에 동네 의사의 오진으로 실명하였다. 그리고 5개월 뒤에 아버지는 지병으로 세상을 떠났고, 이웃집의 가정부로 일하며 생계를 책임지던 어머니를 대신해 할머니가 그녀를 양육했다. 할머니는 독실한 크리스천으로 늘 성경책과 함께 생활을 하였다. 크로스비의 할머니는 앞을 볼 수 없는 손녀에게 자연의 아름다움을 손으로 만져 보고 향기를 맡게 하며 틈이 나는 대로 성경을 읽어 주는 분이셨다. 할머니가 늘 읽어 주시는 성경을 앞을 보지 못하는 손녀는 기록을 할 수도 없었고, 또 당시의 상황이 맹인용 점자가 발달이 되었던 것도 아니어서 그저 크로스비는 어린 나이에 성경 말씀을 들으면서 외울 수밖에 없었다.

하나님은 그녀가 앞을 볼 수 없게 육신적 눈을 가져 가셨지만 영적인 눈을 뜰 수 있게 만드셨다. 크로스비가 역사상 9,000편이 넘는 가장 많은 찬송시를 작사할 수 있었던 배경은 구약, 신약 성경 전체를 외

울 수 있었기 때문이다. 앞을 볼 수 있는 우리들에게는 보고 싶으면 언제나 성경책을 펴 볼 수 있어서 갈급한 일이 아닐 수도 있지만, 책을 볼 수 없는 그녀는 그저 성경을 듣는 대로 외우는 것이 말씀을 가까이 할 수 있는 유일한 방법이었다.

크로스비가 11살이 되던 해에 자상하게 그녀를 키워 주시던 할머니가 돌아가시게 되자, 크로스비는 너무나 큰 충격에 휩싸이고 말았다. 세상에 대한 두려움은 할머니가 늘 곁에 계셨기 때문에 견딜 수 있는 일이었는데, 이제는 할머니 없이 평생 장애를 가지고 세상을 살아가야 하는 무서움과 걱정, 또 배움에 대한 갈급함으로, 그녀는 매일 눈물을 흘리며 기도하는 것이 유일한 위안이었고, 살 수 있는 유일한 방법이었다. 크로스비는 할머니의 평소 말씀대로 하나님이 함께 하시면 두려울 것이 없다는 것을 늘 마음에 두었다. 그녀가 장애를 딛고 왕성하고 열정적인 창작 생활을 할 수 있었던 것은 주님이 계신다는 안도감에서 오는 강력한 긍정이었다.

우리가 여기서 깊이 마음에 새겨야 할 것은 부모가 자녀에게 남기는 유산 중 가장 좋은 것은 엄청난 재산도 아니고, 대규모의 토지도 아니고, 세상적인 명예도 아니고 하나님을 바로 알고 순종하는 굳건한 믿음의 신앙이라는 것이다.

장애인 학교가 없던 시절, 정식으로 교육을 받을 수 없던 그녀는 배움에 대한 목마름이 컸었고, 각고의 노력 끝에 1834년 맨해튼에 새롭게 생긴 맹인학교의 전액 장학생으로 입학하게 되었다. 학업에 정진하면서 늘 그녀는 골방에서 무릎을 꿇고 기도하였고, 주님이 주신 모든 응답에 대해 그녀는 찬송시를 써서 남겼다.

아이와 남편을 함께 보내다

누구보다도 감동적이고 은혜로운 찬송시를 만들어 내기로 유명했던 크로스비에게도 남들과 같은 아픔이 있었다. 38살에 자신을 깊이 이해하며 사랑해 준 맹인교수이며 작곡가이던 알렉산더 밴 알스타인 Alexander V. Alstyne과 결혼해서 기쁨의 임신을 하게 되었고, 소망했던 아이를 출산하였지만 아이의 폐기능이 원활하지 않아 태어나자마자 병마와의 싸움이 시작되었다. 크로스비는 어렵게 얻은 아이인데다 자신처럼 장애를 갖고 사는 것이 아닌가 하는 걱정도 들었다. 눈물로 기도하며 아이를 돌보는 데 최선을 다했지만 온 정성을 쏟아 살리려 애썼던 보람도 없이 아이는 1년을 넘기지 못하고 사망하였다. 그리고 얼마 지나지 않아 지병이 있던 남편마저 하늘나라로 먼저 보내는 아픔을 또 겪어야만 했다. 어릴 적 자신의 모든 것을 대신해 주시던 할머니가 돌아가셨을 때만큼 감당하기 어려운 고통을 느꼈다. 장애를 가진 그녀가 이 세상에서 혼자가 아니라는 존재감을 주던 남편과 행복하고 단란한 가정을 꿈꾸며 소망했던 아이를 저 세상으로 보내고 나니 절망의 골짜기에 떨어진 느낌이었다.

남편의 장례를 치르는 동안에도 그녀는 계속해서 주님께 위로를 구했고, 이 상황도 '하나님이 주신 상황이니 범사에 감사하자'라는 말을 계속해서 자신에게 하고 있었다. 그녀는 모든 일을 치른 후에 쓸쓸히 홀로 방에 남아 조용히 무릎을 꿇었다. 영혼의 밝은 눈으로 주님께 가까이 다가가고 있었다. 그 영혼의 눈은 주님의 모습을 정확하게 볼 수 있었다. 주님은 그녀의 손을 굳게 잡아 주셨다. 이제 그 어떤 고통과 슬픔도 크로스비의 영혼을 하나님과 떼어 놓을 순 없었다. 이때 시편 57편 1

절의 말씀이 그녀의 가슴에서 피어나오기 시작했다. "하나님이여, 내게 은혜를 베푸소서. 내게 은혜를 베푸소서. 내 영혼이 주께로 피하되 주의 날개 그늘 아래에서 이 재앙들이 지나기까지 피하리이다." 그리고 그녀는 조용한 침묵기도를 했다.

He hideth my soul

오 놀라운 구세주, 예수 내 주, 참 능력의 주시로다
큰 바위 밑 안전한 그곳으로 내 영혼을 숨기시네
오 놀라운 구세주, 예수 내 주, 내 모든 짐 벗기시네
죄악에서 날 끌어 올리시며 또 나에게 힘주시네
메마른 땅을 종일 걸어가도 나 피곤치 아니하며
저 위험한 곳 내가 이를 때면
큰 바위에 숨기시고 주 손으로 덮으시네

그녀는 이 가사를 마무리하면서 출애굽기 33장 22절의 말씀 "내 영광이 지나갈 때에 내가 너를 반석 틈에 두고 내가 지나도록 내 손으로 너를 덮었다가"를 참조했다. 또한 위대한 찬송 작곡가인 윌리엄 커크패트릭1838~1921이 먼저 곡을 만들어 크로스비에게 부탁을 하였고, 그녀가 이 가사를 운율에 맞게 후에 정리하여서 완성되었다.

　하나님은 약한 그녀를 누구보다 강건하게, 무지한 그녀를 누구보다 지혜롭게 세우셨다. 우리는 우리 자신의 힘으로 강인해질 수 없다는 것을 늘 시인하여야 한다. 오직 주님께서 그렇게 해 주셔야만 가능하다는 것을 인정해야 한다. 크로스비는 의사의 실수로 앞을 볼 수 없었지만 누구를 탓하지 않았다. 그녀는 하나님으로 인해 자신이 행운이 가득한 사람이라고 확신하고 95세까지 감사와 기쁨의 삶을 살았다. 미국 상원과 하원에서 그녀를 초청해서 자작시 낭송을 부탁하였을 때도 그녀는 낭송이 끝난 뒤 자신이 육신적으로 앞을 볼 수 있었다면 이런 찬송시를 쓸 수 없었다고 하며 하나님이 주신 것에 대해 감사를 표하여 모든 사람들의 마음을 뭉클하게 만들었다.

F.J.크로스비

W.J. 커크패트릭

570장_ 통453

주는 나를 기르시는 목자

최봉춘 작사, 장수철 작곡

피난길에서도 시편 말씀을 사랑하다

한국 음악을 대표하는 음악가 중 한 사람인 장수철 선생1917~1966은 예수님의 발자취를 따르려고 했던 인물로 많은 사람들의 마음에 아직도 남아 있다. 우리 역사상 가장 비극적인 1950년 한국전쟁이 발발했을 때 온 나라가 두려움과 공포에 빠지게 되었다. 수많은 사람들이 황급히 피난길에 오른 서울에는 미처 피난의 대열에 끼지 못하고 끊어진 한강다리 앞에서 발을 구르는 가족이 있었다. 이 중 한 가족이 장수철 선생의 가족이었다. 어린 아이들은 울고 있고 여기저기서 비명과 울부짖음이 난무하는 한강변. 어느 누구도 자신의 앞길에 대해 알 수가 없는 전쟁의 비참함이 그대로 보이고 있는 상황이었다. 생사의 기로에 선 이 가족들이 죽음의 골짜기에 맞닥뜨렸을 때도 장수철 선생과 그의 부인 최봉춘 여사의 입에서는 초연하게도 "여호와는 나의 목자시니 내게 부족함이 없으리로다."로 시작되는 시편 23편의 말씀이 흘러 나왔다. "내가 사망의 음침한 골짜기로 다닐지라도 해를 두려워하지 않을 것은 주께서 나와 함께 하심이라." 그렇게 주님의 말씀을 되뇌고 있을 때 기적처럼 멀리서 조각배 한 척이 흘러 내려와서 피난길에 오를 수 있었다. 하나님은 그 순간에도 이 부부의 기도를 듣고 계셨던 것이었다. 이 순종의 삶을 살던 부부에게 주님이 주신 말씀, 시편 23편은 그렇게 특별한 의미가 될 수밖에 없었다.

유학 도중 전해진 비보가 담긴 아내의 편지

전쟁이 끝난 후, 음악을 공부하고 싶어 했던 장수철 선생은 미국 유학길에 올랐다. 가난한 환경 탓에 피아노는 물론 어떠한 악기도 없었지만 머릿속으로 화음을 떠올려 작곡을 할 만큼 그는 뜨거운 열정의 사람이었다. 음악 공부를 열심히 하는 것 외에도 워낙 없었던 환경이라 이런 저런 일이 생기는 대로 돈을 벌기 위해 일을 해야만 해서 나날이 고된 유학생활이 이어졌다. 그러나 사랑하는 가족들을 볼 날을 손꼽아 기다리며 주님을 의지하며 참고 견뎌 냈다.

그런데 1955년, 하루하루 온 힘을 다해 살고 있던 장수철 선생에게 한국으로부터 갑작스럽게 안타까운 소식이 전해져 왔다. 열두 살 된 큰딸 혜경이가 심한 폐렴으로 사망하였다는 것이었다. 그리고 그 편지의 끝에 부인 최봉춘 여사가 쓴 성경구절이 있었다. "내 영혼을 소생시키시고 자기 이름을 위하여 의의 길로 인도하시는도다. 내가 사망의 음침한 골짜기로 다닐지라도 해를 두려워하지 않을 것은 주께서 나와 함께 하심이라." 또 한 번의 시편 23편이 적혀 있었는데, 그것은 부인 최봉춘 여사의 고백이기도 하였다.

서로 떨어져서 지내던 부부는 절망과 슬픔 속에 이 말씀을 붙들고 주님께 기도를 드렸다. 순종하는 두 부부의 모습은 하나님이 보시기에도 참 아름답고 온전한 믿음으로 보였을 것이다. 남편인 장수철 선생은 힘들고 어려울 때마다 가정을 지켜 주셨던 시편 23편 말씀으로 곡을 쓰기 시작했다.

'사랑하는 어린 딸. 이제는 볼 수도 없고, 안아 주고 싶어도 안아 줄 수도 없는데… 유학생활로 인해 함께 지내지 못해 많은 사랑을 주지도 못하고 늘 애처롭게만 느껴졌던 소중한 딸.'

우리가 흔히 하는 말에 '자식이 죽으면 그 부모의 마음에 묻는다'는 말도 있지 않은가? 눈물로 가슴을 쓸어내리며 장수철 선생의 찬송은 그렇게 곡으로 만들어지고 있었다. 이듬해인 1956년, 장수철 선생이 귀국하였을 때 아내 최봉춘 여사가 그동안 사랑하던 시편 23편을 마음에 담고 살던 자신의 이야기를 주옥같은 가사로 만들어 붙였다.

딸에 대한 사랑으로 모든 아이들을 품다

유학 기간 중 무디성서연구소에서 성서신학과 종교음악을, 시카고음악원에서 작곡과 지휘를 전공한 장수철 선생은 귀국 후에 세계월드비전 당시 한국명: 선명회의 총재였던 밥 피어스Bob Pierce 목사의 청을 받아들여 고아 32명을 모아 "선명회 어린이 합창단"을 조직하였다. 아이들을 너무나 사랑했던 그는 주저할 것도 없이 이 일을 진행하였다. 장수철 선생은 이 합창단을 이끌고 전 세계를 다니며 공연을 하는 곳마다 매진을 기록하며 많은 사람을 놀라게 만들었다. 전 세계에 한국인의 정신은 죽지 않았음을, 폐허와 절망 속에서도 주님의 사랑은 살아 있음을 증명하려 했던 장수철 선생의 노고는 정말 값진 발자취로 남게 되었다. 총 14개국 104개의 도시에서 4만 마일을 여행하며 약 50만 명에게 400곡을 연주할 정도로 열정은 대단하였고 상상하기 힘든 기록을 남겼다. 당시 이화여대 총장이었던 김활란 박사가 신설하는 이화여대의 종교음악과를 맡아 달라는 부탁을 하였을 때도 그는 남을 돕는 일이 더 중요하다며 어린이 합창단을 인도하기 위해 겸손하게 그 부탁을 거절하였다고 한다.

소중한 딸을 잃어버린 아픔을 딛고 일어선 장수철 선생은 누구보다도 아이들을 자신의 친자식처럼 사랑했고, "탄일종" "바닷가에서" 등 유명한 동요를 비롯해 150여 곡의 작품을 남겼을 뿐 아니라 찬송가 보급에도 앞장을 섰다.

마지막까지 새문안교회에서 찬양대를 지휘하던 장수철 선생은 1966년 11월 8일, 과로로 인한 간경화가 악화되어 49세의 젊은 나이에 주님의 부르심을 받았지만 인생의 매 순간 하나님의 말씀에 의지했던 그의 찬양은 지금까지도 온 세계에 울려 퍼지고 있고 우리들 마음에 아직도 살아 있다. 새문안동산에는 장수철 선생의 이 찬송가를 기리는 찬송비가 세워져 있다.

시편 23편 6절의 말씀을 다시 한 번 보고자 한다. "내 평생에 선하심과 인자하심이 반드시 나를 따르리니 내가 여호와의 집에 영원히 살리로다." 이 구절은 하나님께 순종하며 헌신하던 장수철 선생의 삶을 애기하고 있는 것이 아닌가?

570장_통453

no.26

주는 나를 기르시는 목자

최봉춘 작사, 장수철 작곡

주는 나를 - 기르시는 목자-요 나는 주 님의귀한어린 양
예쁜 새들 - 노래하는 아침-과 노을비 끼는고운황혼 에
못된 짐승 - 나를헤치 못하-고 거친비 바람상치못하 리

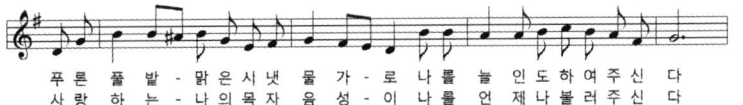
푸른 풀 밭 - 맑은 시냇 물 가 - 로 나를 늘 인 도 하여 주신 다
사 랑 하는 - 나의 목자 음 성 - 이 나를 언 제 나 불러 주신 다
나 의 주 님 - 강한 손을 펼 치 - 사 나를 주 야 로 지켜 주신 다

주는 나 - 의 좋은 목 자 나는 그 - 의 어린 양 -

철을 따 라 - 꼴을 먹여 주 시 - 니 내게 부족함전혀없어 라

알고 부르면 은혜로운 **찬송가_** 175

though
주 예수보다 더 귀한 것은 없네

R.F. Miller 작사, G.B. Shea 작곡

뜻하지 않은 대중가수의 길을 가게 되다

조지 쉐어George Beverly Shea, 1909~는 1909년 2월 1일, 캐나다 온타리오 주의 윈체스터Winchester에서 가난한 감리교 목사의 아들로 태어났다. 아버지가 뉴욕의 하우톤Houghton에서 목회를 할 때 교회중창단에서 활동을 한 것이 그의 음악 생활의 시작이었다. 교회의 모든 사람들이 부러워하는 아름다운 목소리를 가진 그는 대학에 진학해 노래를 배우고 싶었지만 경제적인 어려움 때문에 학업을 중단해야 했고, 선택의 여지도 없이 직업전선에 뛰어들 수밖에 없었다.

그런데 1931년 미국의 보험회사에서 일하던 쉐어에게 라디오 공개방송에서 노래를 할 수 있는 기회가 생겼다. 깊고 포용력 있는 쉐어의 바리톤 음성은 방송을 통해 전 미국 국민에게 감동으로 울려 퍼졌다. 그 후 방송사에서 끊임없이 계약 제의가 들어왔다. 방송국에서는 찬양이 아닌 대중가요 가수로서 출연해 달라고 요청해 왔고, 쉐어는 많은 보수를 받고 인기를 얻을 기회 앞에 주저 없이 그 길을 선택했다. 왜냐하면 그간 주변 환경으로 인해 자신이 하고 싶었던 노래를 할 수 없었던 그에게 이것은 더할 수 없는 기회였기 때문이다. 물론 가스펠 가수가 되고 싶다고 처음부터 말을 안 한 것은 아니었지만 너무나 자신 있게 그에게 제의하는 방송국 관계자들을 보니 거절하기도 힘들었다. 그렇게 그의 대중가수의 길은 시작되었다. 자고 일어나 보니 신분이 바뀌었다는 말처럼 쉐어의 인기는 걷잡을 수 없이 높아졌다. 너무나 찾는 사람이 많아 밀려오는 스케줄을 감당할 수가 없었다. 어디를 가나 그의 팬들은 그의 얼굴을 직접 보고 싶어 했고, 그가 나타나면 여성 팬들의 환호성이 귀가 찢어질 정도로 크게 들렸다.

세상적인 사람의 길을 걷게 되다

유명 인기인이며 대중 스타로 살게 된 쉐어의 생활은 이전과는 비교할 수 없을 정도로 윤택해졌다. 부와 명예를 한꺼번에 손에 쥐게 된 그는 끝없는 유혹을 받기 시작했다. 그가 만나는 주변 사람들도 이전과 같지 않았다. 방송국의 수많은 프로그램에 출연하게 되면서 같은 인기인들과 어울리고 돈 있는 사업가, 힘 있는 정치인 등과 만나며, 자신이 목사의 아들이라는 사실도 완전히 잊고 살게 되었다.

주일 성수는커녕 기도 한 번 하는 일도 없었다. 매일 밤 그를 위한 파티가 여기저기서 열렸고, 그 파티가 끝나면 아름다운 여인들이 늘 그를 기다리고 있었다. 무엇보다 그에게 있어 큰 변화는 세상에서 얻을 것을 다 얻다 보니 점차 교만해지고 사람들이 우습게 보이기 시작했다는 것이다. 자신의 말 한 마디면 뭐든지 얻을 수 있었다. 어느 누구도 그의 부탁을 거절하는 사람이 없었다. 심지어는 그의 인기뿐만 아니라 영향력도 점차 커지자 시카고 방송국에서 그에게 방송 프로그램 제작자의 역할까지 맡겼다.

하지만 그가 방탕하고 교만한 마음으로 사는 동안 그를 늘 걱정하고 또 그를 위해 매일 기도했던 사람이 있었다. 바로 쉐어의 어머니였다. 그러나 그는 그런 어머니의 간절한 기도를 인정하지 않을 뿐 아니라 어머니의 따뜻한 조언도 귀담아 듣지 않았다.

어머니의 귀중한 권유로 회심이 되다

어느 날 바쁜 일정 중에 쉐어가 어머니를 뵈러 집으로 가게 되었다. 그의 마을은 동네가 떠들썩할 정도로 금의환향의 분위기였다. 미소로 반기는 어머니는 오랜만에 만난 아들을 보며 너무나 기뻐하셨다. 타지에서 고생하며 대중의 스타로 자란 아들이 자랑스러운 것은 말할 나위가 없었지만 어머니는 그의 신앙생활에 대해 늘 걱정이었다. 어머니는 아들을 위해 준비한 저녁식사를 차리고 아들이 맛있게 먹는 모습을 본 뒤 식탁에 앉아 여러 가지 이야기를 나누었다. 시간이 가는 줄 모르고 아들과 이야기를 나누던 어머니가 쉐어에게 중요한 할 말이 있다면서 이것만큼은 잊지 말아 달라고 부탁했다. 그 이야기는 평소 생활에서 성경을 가까이 하고 살라는 것이었다. 쉐어는 웃으면서 꼭 기억할 뿐 아니라 그렇게 할 테니 걱정하지 말라고 대답했다.

쉐어는 편하게 어머니의 집에서 지내다가 다시 자기 자리로 가기 위해 자신의 집으로 돌아왔다. 그리고는 어머니의 말씀대로 성경을 꺼내서 읽어 보기 시작했다. 하루 이틀 시간이 지나자 쉐어는 성경을 읽는 중에 자신의 어렸을 적 모습이 생각났다. 아버지께서 목회하시던 모습, 어머니의 손을 잡고 예배당에 가서 기쁨의 찬양을 하던 모습… 그때의 일들이 새록새록 추억으로 피어오르고 있었다.

그렇게 활동하던 중 1939년 쉐어가 크리스첸 모임에 초대되어 참석하게 되었는데, 그곳에서는 참석한 사람들의 이런 저런 간증이 이어지고 있었다. 그는 자신의 삶에 대해 깊은 고민에 빠지기 시작했고, 여러 사람들의 이야기가 그의 마음을 움직이고 있었다. '어머니가 성경을 가까이 하라는 것이 그냥 하신 말씀이 아니라는 말인가?' 어쩌면 주님이 어머니의 입술을 통해 직접 말씀하신 것일 수도 있다는 생각이 들었다. 그렇다. 어머니의 정성어린 눈물의 기도를 하나님이 듣고 계신 것이었다. 하나님은 이제 그의 마음을 직접 움직이고 계신 것이었다. 갑자기 쉐어는 '현재 누리고 있는 대중 인기스타라는 것이 부질없고 크게 의미부여 할 것이 없는 삶이 아닌가'라는 생각이 들었다. 그가 드디어 자신의 잘못을 깨닫게 된 것이었다.

모임을 마치고 집으로 돌아와 현관문을 여는데 전화가 걸려 왔다. 전속 계약을 체결하면 지금까지의 대우보다 몇 배나 더 주겠다는 제안이었다. 그러나 그는 이 제안을 거절하면서 유명한 말을 남겼다.

"미안하지만 전화를 너무 늦게 거셨습니다. 앞으로 나의 목소리와 재능을 비롯해 모든 것은 나를 구원하신 예수님, 나의 주인 되신 창조의 하나님 그분의 영광을 위해 쓸 것입니다."

주님을 위한 새로운 길이 열리다

오히려 그의 마음은 새롭게 벅차오르고 있었다. 자신이 하나님의 영광을 위해 쓰일 수도 있다는 생각 때문이었다. 그는 몇 가지 짐을 정리하여 어머니를 뵈러 갔다. 어머니는 아들을 반갑게 맞이하시며, 문 앞에서 쉐어가 주님을 찬양하기 위해 자신의 모든 것을 정리하고 왔다는 말을 듣고 눈물을 흘리셨다. 며칠 어머니의 집에 머무르는 동안 그는 오래간만에 여유 있는 시간을 보내고 있었다. 피아노에 앉아 이런저런 노래를 부르던 그의 눈에 메모지 하나가 들어왔다. 어머니 친구인 밀러Rhea F. Miller, 1894~1966 여사가 쓴 시를 어머니가 피아노 위에 둔 것이었다. 쉐어는 그 시를 여러 번 읽게 되었는데, 그 내용이 어린 시절찬양으로 고백했던 자신의 마음을 떠오르게 했다. 너무나 그 시가 마음에 들어 수차례 읽었더니 외울 정도가 되었고 그는 방안을 왔다 갔다 하면서 계속 읊조리고 있었다. 한참 동안 같은 행동을 하던 쉐어는 잠시 후 피아노에 앉아 그 시에 멜로디를 부쳐 찬양곡으로 완성하였다. 쉐어는 이 찬송이 자신의 결단을 담은 노래라고 생각했다.

주 예수보다 더 귀한 것은 없네
이 세상 부귀와 바꿀 수 없네
영 죽을 내 대신 돌아가신 그 놀라운 사랑 잊지 못해
주 예수보다 더 귀한 것은 없네
이 세상 명예와 바꿀 수 없네
이전에 즐기던 세상일도 주 사랑하는 맘 뺏지 못해

그 후 쉐어는 최고의 부흥사였던 빌리 그레이엄 William Franklin Graham, 1918~ 목사와 45년간을 동역하며 찬양과 간증으로 전도를 했다. 1954년에는 스웨덴 가사로 되어 있던 찬송 "주 하나님 지으신 모든 세계 How Great Thou Art"를 영어로 개사하여 처음으로 쉐어가 대중들 앞에서 불렀는데, 이 일로 쉐어는 가스펠 가수로 단번에 대스타가 되었다. 그리고 훗날 하나님께서는 수많은 대중가수들의 최고 영광인 미국의 레코드 대상인 그래미상 Grammy Award 을 가스펠 가수로서 수상하게 하셨다. 또한 그는 1978년 가스펠 뮤직 명예의 전당에 헌정되었다. 국내에서는 1973년 "빌리 그레이엄 한국 전도대회"가 열렸을 때 한국에 와서 이 노래를 불렀고, 1984년 "한국기독교 100주년 선교대회"가 열렸는데 그때에도 75세의 고령의 나이에 방한하여 변함없는 온화한 미소로 이 찬양을 불러 성도들에게 깊은 은혜를 주었다.

오래 전 네덜란드 암스테르담에서 열린 "세계전도대회"에서 빌리 그레이엄 목사의 설교가 끝난 뒤, 쉐어는 이 찬송 "주 예수보다 더 귀한 것은 없네"를 불렀는데 천상의 목소리를 듣는 것과 같았다고 전해진다. 찬양이 끝나고 참석한 모든 사람들이 기립하여 집회장이 떠나갈 정도로 우레와 같은 박수와 갈채를 보낼 때 쉐어는 이런 말을 남겼다. "이 부족한 사람을 위해서 열광적인 박수를 보내 주시니 너무 감사합니다. 그러나 저는 예수님을 이 박수갈채와 바꿀 수 없습니다." 세상 사람들은 그의 삶을 기적이라고 말했지만 하나님은 그가 젊은 날, 회심을 한 직후에 이 찬양으로 지킨 약속을 정확하게 기억하고 계셨다.

G.B.쉐어

94장_통102

no.27

주 예수보다 더 귀한 것은 없네

R.F. Miller 작사, G.B. Shea 작곡

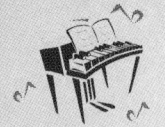

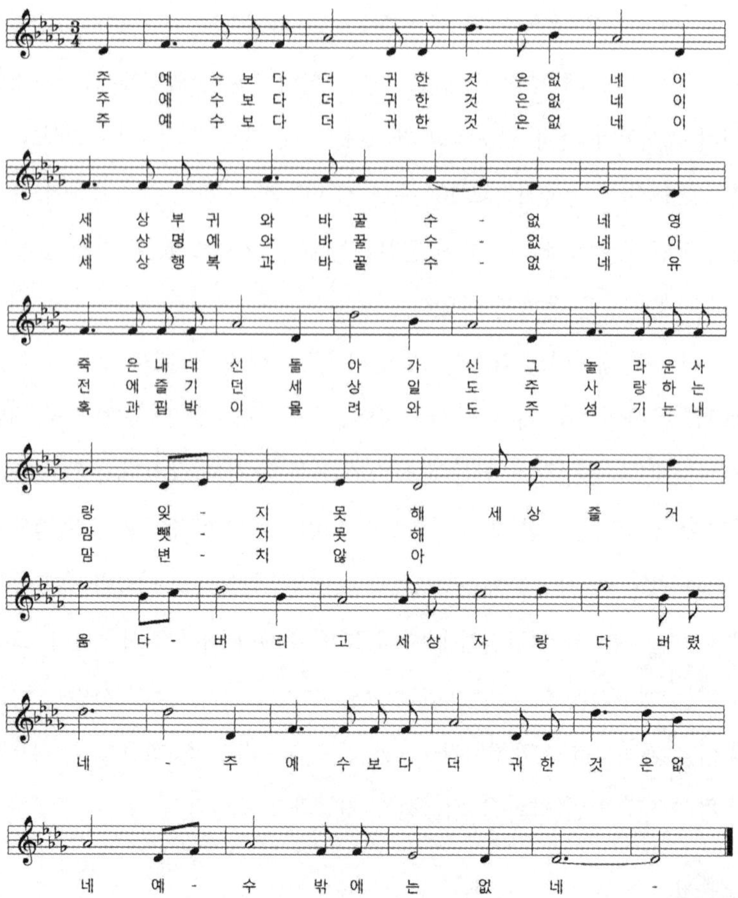

580장_ 통371

삼천리 반도 금수강산

남궁 억 작사, G. Donizetti 작곡

이 찬송가 첫 가사가 '삼천리 반도 금수강산'으로 시작되는데 우리는 이것을 보고 흔히 이 찬송이 우리나라의 전통적인 찬송이라 생각하지만 사실 이 곡은 이탈리아 오페라의 한 장면에 나오는 곡이다.

가에타노 도니체티Domenico Gaetano Maria Donizetti, 1797~1848는 1797년 11월 20일에 이탈리아 롬바르디아의 베르가모에서 가난한 집안의 삼형제 중 막내로 태어났으며 아버지는 마을 전당포 관리인이었다.

도니체티는 당시 베르가모를 대표하는 성직자이던 지오반니 시모네 마이르로부터 음악 수업을 받았다. 도니체티는 이탈리아가 낳은 세계적인 오페라 작곡가로 그의 대표작은 "람메르무어의 루치아"와 "사랑의 묘약"이며 무려 75편의 오페라를 작곡할 정도로 왕성한 창작력을 보여 주었다. 테너 루치아노 파바로티Luciano Pavarotti의 레퍼토리 중 하나로 우리가 기억하고 있는 "남 몰래 흐르는 눈물"이 바로 오페라 "사랑의 묘약"의 한 장면이기도 하다. 도니체티는 1834년부터는 나폴리음악학교 대위법 교수로 재직하였으며 대위법 교수로서 많은 명성을 떨쳤다. 그는 오페라 "청교도"로 유명한 빈첸초 벨리니Vincenzo Bellini, 1801~1835, 오페라 "세비야의 이발사"로 유명한 로시니Gioacchino Antonio Rossini, 1792~1868와 더불어 19세기를 대표하는 벨칸토 오페라의 3대 작곡가이다.

그는 볼로냐 음악원에 들어가서는 로시니의 후배였고, 로시니의 모방에 그치는 정도였으나, 로시니가 오페라 창작을 그만두고 나서부터는 두각을 나타내게 되었다. 아버지의 뜻에 반대하여서 음악가를 지망하였기 때문에 집안의 생활을 위해 군에 입대도 하였으나 군 생활 중에도 틈을 내어 오페라 작곡에 힘썼다.

도니체티는 작곡을 할 때 빠른 시간에 작업을 끝내는 것으로 유명한데, 로시니가 오페라 "세비야의 이발사"를 작곡하는 데 13일이나 걸린 것을 알고 정말 게으름쟁이라고 핀잔을 주었다는 이야기는 유명한 일화이다.

도니체티는 1830년대에 들어서 기법이 더욱 원숙해지며 '오페라 부파'로는 "사랑의 묘약1832년", "연대聯隊의 딸1840년", "돈 파스콸레1843년" 등을 내놓았고, '오페라 세리아'로는 "루크레치아 보르지아1834년", "루치아1835년" 등을 남겼다. 그는 프랑스나 오스트리아에서도 활동했지만 1837년 아내의 사망으로 인한 정신착란 증세가 생겨서 1845년 파리에 있는 한 정신병원에 수용되어 지내다가 고향인 베르가모로 돌아와서 1848년 4월 8일 50세로 세상을 떠났다.

그의 곡은 도니체티의 생애가 시기적으로 이탈리아 성악의 최전성기와 함께 했기 때문에 성악적인 테크닉을 최대한 화려하게 살려 작곡을 한 것이 특징이다. 예를 들면 오페라 "루치아" 중 '광란의 장'에서 그 전형을 볼 수가 있다. '인간의 목소리가 아름답다면 그 끝은 어디인가'가 도니체티 평생의 질문이었다.

찬송 "삼천리 반도 금수강산"은 오페라 "루치아"의 2막, 원하지 않는 정략 결혼식 장면에서 결혼 축하객들이 부르는 합창곡이다.

이 찬송은 배화학당의 선생이며 민족의 지도자, 독립 운동가였던 남궁 억 선생이 나라를 구하기 위해 새벽 제단을 쌓아가던 눈물의 기도 속에 나온 애국 시이며, 1931년에 감리교 찬송가에 실려 처음 불리기 시작했다. 일제 강점기 시절, 우리 민족의 얼을 살리기 위해 무궁화 심기 운동과 애국 노래 부르기 운동을 주도하던 남궁 억 선생은 옥고를 치르게 되었고, 이어서 1937년에 이 찬송에 가창금지령이 내려 부를 수 없게 되었다. 1967년에는 같은 가사에 이동훈 선생이 작곡한 곡으로 바뀌어 찬송가에 실렸다가, 1983년에 최초 1931년에 발표되었던 것처럼 도니체티 작곡의 현재 멜로디로 다시 불리게 되었다.

*벨칸토 = Bel(아름다운) Canto(노래): 화려한 멜로디의 성악곡
*오페라 부파(Opera Buffa): 희극적인 내용의 오페라
*오페라 세리아(Opera Seria): 정극. 진지한 내용의 오페라

G.도니체티

no.28

삼천리 반도 금수강산

남궁 억 작사, G. Donizetti 작곡

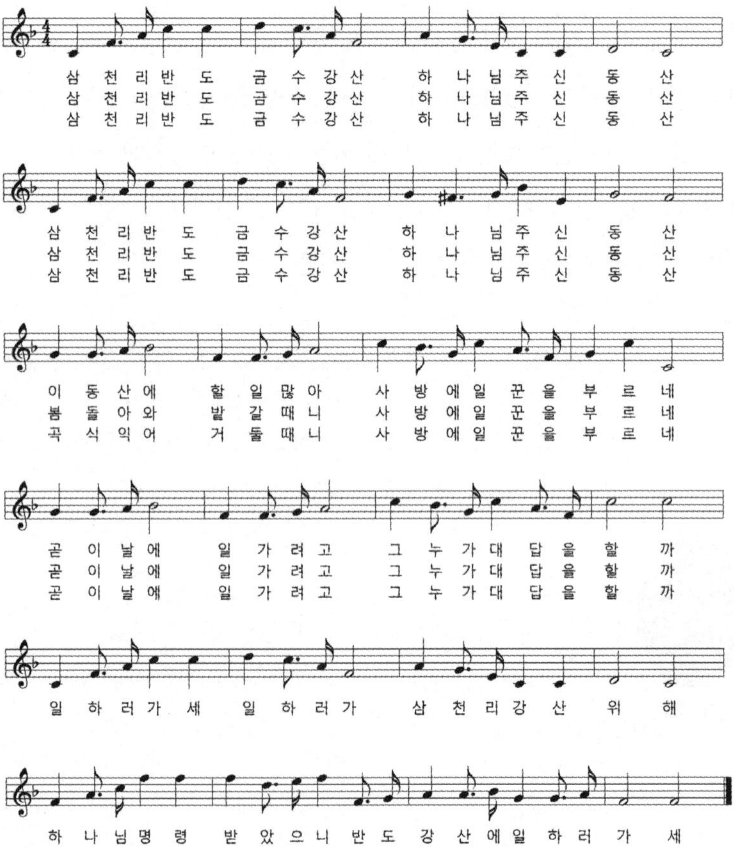

삼 천 리 반 도 금 수 강 산 하 나 님 주 신 동 산
삼 천 리 반 도 금 수 강 산 하 나 님 주 신 동 산
삼 천 리 반 도 금 수 강 산 하 나 님 주 신 동 산

삼 천 리 반 도 금 수 강 산 하 나 님 주 신 동 산
삼 천 리 반 도 금 수 강 산 하 나 님 주 신 동 산
삼 천 리 반 도 금 수 강 산 하 나 님 주 신 동 산

이 동 산 에 할 일 많 아 사 방 에 일 꾼 을 부 르 네
봄 돌 아 와 밭 갈 때 니 사 방 에 일 꾼 을 부 르 네
곡 식 익 어 거 둘 때 니 사 방 에 일 꾼 을 부 르 네

곧 이 날 에 일 가 려 고 그 누 가 대 답 을 할 까
곧 이 날 에 일 가 려 고 그 누 가 대 답 을 할 까
곧 이 날 에 일 가 려 고 그 누 가 대 답 을 할 까

일 하 러 가 세 일 하 러 가 삼 천 리 강 산 위 해

하 나 님 명 령 받 았 으 니 반 도 강 산 에 일 하 러 가 세

254장_ 통186

내 주의 보혈은

L. Hartsough 작사, 작곡

목사가 되어 잡지사 편집인이 되다

루이스 하트소우Lewis Hartsough, 1828~1919는 1828년 8월 31일 뉴욕 주의 이타카Ithaca, New York에서 태어났다. 그는 1853년에 카제노비아Cazenovia 신학교를 졸업하고 감리교 목사가 되었다. 그는 뉴욕의 "오나이더Oneida 전도집회"에서 10여 년간 동역하다가 40세이던 1868년 과로로 건강상에 문제가 생겨 집회 일을 그만두고 유타 주로 거처를 옮기게 되었다. 그리고 그곳에서 유타선교회의 총책임자가 되어 열심히 헌신하였다. 이곳에서 많은 업적이 있었고, 그를 원하는 곳이 많아져서 여러 곳에서 그를 청빙하려고 하였다. 이후 그는 미국 서북부의 와이오밍Wyoming 주의 전체 교구장을 맡게 되었다.

같은 무렵에 루이스는 잡지 《조셉 힐만의 부흥》Joseph Hillman's Revivalist의 편집자가 되었다. 그중에서도 음악에 관련된 일은 본인이 직접 편집을 했다. 잡지사 내에서도 그의 능력에 대해 언제나 칭찬이 자자했고 잡지를 구독하는 독자들도 이 잡지에 대한 만족도가 상당히 높았다.

1871년에 루이스는 아이오와 주의 '엡워스Epworth, Iowa'에 소재하는 감리교회의 담임 목사직을 맡게 되었다. 그는 이곳에서 상당한 부흥을 이끌었는데, 지금의 '열린 예배' 형태의 예배를 도입하여 교회의 성장에 혁혁한 공을 세웠다. 예배를 찬양 위주로 전환한 예배 찬양은 뜨거웠을 뿐 아니라 루이스 목사의 말씀을 사모하는 사람들이 많아 예배 때마다 교회가 많은 성도들을 수용하는 데 어려울 정도였다고 한다.

결신자를 위해 기도하다

교회는 나날이 성장해 가고 이 지역에서 시작한 부흥집회도 그 열기가 점점 더해 갔다. 쉴 틈도 없이 그는 언제나 밤을 새워 설교를 준비했고, 부흥집회에 대한 주님의 인도하심에 감사하며 기도의 끈을 놓지 않았다. 결신한 자들이 교회로 나오고 부흥집회에 참석하는 것을 보며 이러한 일들이 자신이 하는 일이 아니고 하나님께서 직접 주재하신다는 사실을 수시로 인정하고 있었다.

그는 목회자이면서도 음악적인 감각이 좋았는데, 온 땅에 찬양의 소리가 커지면 커질수록 하나님께로 돌아오는 사람들이 많아진다고 생각하면서 살았다. 말씀과 찬양이 적절히 조화가 이루어질 때 성도들의 호응도가 높다고 여겼는데, 루이스 목사는 말씀만큼이나 찬양이 중요하다고 여겼다.

그러나 그는 집회를 하면서 한 가지 고민이 생겼다. 부흥집회는 예상보다 더 성황리에 진행이 되었는데, 결신자를 위한 찬양곡이 마음에 드는 게 없었기 때문이다. 그래서 그는 처음으로 교회에 나온 사람들이나 막 결신을 하여 이제 주님께 나아가기로 작정한 사람들을 위한 자기 고백적인 찬양곡이 있다면 참 좋겠다는 생각을 했다.

　하나님을 붙들고 기도를 해 가던 그는 결신자를 위한 좋은 찬양곡이 있다면 알려 주시고, 아니면 만들 수 있는 능력을 달라고 강하게 기도를 하기 시작했다. 그 기도는 하루, 이틀, 사흘 끊임없이 계속 되어 가고 있었고, 하나님께서 그런 곡을 주시리라는 그의 믿음도 더욱 강해지고 있었다.

　이곳에 부임한 지 1년이 지났을 무렵, 지역에서 열린 저녁 부흥집회 설교를 마치고 돌아온 그는 부흥집회를 잘 이끌어 주신 하나님께 감사의 기도를 하고 있었다. 기도가 끝나고 나서 침대에 누워 잠을 청하는데, '결신을 한 초신자들의 마음은 어떤 것일까'라는 생각을 하게 되었다.

　다음 날, 역시 부흥회가 열리고 있는 기간이라 그는 오늘 집회에서 할 설교를 정리해 둔 것을 다시 한 번 보고 있었다. 미리 써 둔 설교를 보는 중에도 어젯밤에 생각하던 '초신자들의 마음은 어떤 것일까'라는 질문이 계속해서 그의 마음을 두드렸다. 집회 장소에 도착해서 간단한 기도를 올리고 집회장소 2층에서 집회장으로 모여드는 사람들을 보고 있었다. 여전히 그의 마음에는 초신자들에 대한 생각이 계속해서 떠나지 않고 있었다. 그때 그의 마음에 "그 아들 예수의 피가 우리를 모든 죄에서 깨끗하게 하실 것이요."라는 요한1서 1장 7절의 말씀이 와 닿았다.

　그렇다. 초신자들에게는 무엇보다 예수의 보혈로 모든 죄에서 벗어난 것이 가장 기쁜 일이 아닐까? 그는 마음을 두드리는 감정을 그대로 글로 옮기기 시작했다.

> 내 주의 보혈은 정하고 정하다
> 내 죄를 정케하신 주 날 오라 하신다
> 내가 주께로 지금 가오니
> 십자가의 보혈로 날 씻어 주소서
> 약하고 추해도 주께로 나가면
> 힘주시고 내 추함을 곧 씻어 주시네
> 내가 주께로 지금 가오니
> 십자가의 보혈로 날 씻어 주소서

이 가사를 차근차근 써 내려가는데, 멜로디가 동시에 떠오르는 게 아닌가? 그는 순식간에 작사, 작곡을 마쳤다.

샌키의 손에 전해지다

부흥집회를 인도할 때 결신자들을 위한 초청의 노래를 만든 그는 매우 만족해했고, 하나님께 진심으로 감사하였다. 루이스 목사는 이곳에서 목회를 하면서 잡지 《부흥사》The Reuiuajist의 편집 일을 겸하고 있었는데, 이 잡지에 처음 이 찬송을 실었다. 이 《부흥사》의 편집인으로 있는 동안 루이스 목사는 11권이나 되는 부흥회용 찬송가를 편찬하여 큰 업적을 남겼다. 그리고 그 후 월간지 《성결로의 안내》The Guide to Holiness에 실었는데, 이 잡지 한 권이 1873년 영국에서 선풍적인 전도 집회를 이끌고 있던 무디 목사 부흥전도단의 찬양인도자인 아이라 샌키Ira David

Sankey, 1840~1908의 손에 전해졌다. 샌키는 이 찬송이 부흥집회에 정말 필요했던 곡이라 생각했고, 바로 그 다음날부터 부흥집회 때 결신자 초청송으로 이 곡을 부르기 시작했다.

그 반응은 실로 대단했는데, 정말로 많은 결신자들이 초청되어서 이 찬송을 부르면서 눈물을 흘렸다. 이 찬송은 어느 누구에게나 사랑받는 찬송이 되었으며, 샌키는 1875년에 자신의 성가집에 이 찬송을 실었다.

루이스 목사는 1874년에 또 다른 부흥집회인 "북서 아이오와 집회 the Northwest Iowa Conference"를 인도하기 위해 담임하던 교회를 떠났다. 최초 이 찬송은 총 6절로 만들어졌는데, 우리 찬송가에는 1~5절까지가 실려 있다.

L. 하트소우

419장_ 통478

주 날개 밑 내가 편안히 쉬네

W.O. Cushing 작사, I.D. Sankey 작곡

소박한 목회 생활 중 한 여인을 만나다

윌리엄 커슁William Orcutt Cushing, 1823-1902 목사는 1823년 12월 31일에 메사추세츠 주 동부 플리머스군에 있는 힝엄Hingham Center, Massachusetts에서 태어났다. 그의 부모는 18세기에 유행했던 유니테리언Unitarian 신자였다. 유니테리언은 유일신 사상을 가장 중요한 것으로 여겨 예수님이 하나님은 아니라고 주장하면서 삼위일체설을 인정하지 않았다. 그래서 그는 매우 엄격하고 절제된 생활을 해야만 했다.

그는 신학공부를 해서 목사 안수를 받게 되었고, 그의 첫 번째 부임지는 뉴욕의 시어스버그Searsburg, New York라는 곳이었다. 그는 이곳에서 상당히 열심히 목회 생활을 하였는데, 그의 소박하고 검소한 생활로 인해 상당수의 성도들이 그를 존경하였다. 그곳 교회에서 목회를 하던 중 한 성도의 소개로 헤나 프로퍼Hena Proper라는 여인을 만났는데, 그는 첫눈에 본 그녀가 너무나 마음에 들었다. 하지만 커슁 목사 입장에서는 뭐 이렇다하게 내세울 게 없었다. 얼굴이 잘 생긴 것도 아니었고 목회자의 삶이라는 것이 늘 가난을 겨우 면할 정도의 생활을 해

알고 부르면 은혜로운 **찬 송 가_** 193

야 하고, 거기다 몸도 그렇게 건강한 편이 아니어서 자신의 처지를 생각하니 어떻게 프러포즈를 해야 할지도 몰랐다. 하지만 신실한 신앙심을 가지고 있던 헤나는 그러한 사람으로서의 조건을 보지 않고 커싱 목사의 순수하고 소박하고 어린 아이 같은 성격을 마음에 들어 했다. 그래서 결국 1854년, 31세의 나이로 그는 헤나와 그렇게 원하던 결혼식을 올렸다. 그리고 번화한 도시인 브룩클린Brooklyn으로 거처를 옮겨 열심히 목회를 하였다.

그의 천성적으로 착한 성격에 대한 유명한 에피소드는 불쌍한 사람만 만나면 그냥 지나치지 못한다는 그의 성격에서 나온 이야기가 가장 많다. 앞을 못 보는 소녀가 재능은 있으나 가난으로 인해 교육을 받지 못하는 것을 알고 자신의 전 재산인 1천 달러를 기부하였다는 사건은 꽤 알려진 이야기이다.

사랑하는 아내를 잃고 자신의 건강도 잃어버리다

1864년 결혼한 지 10년이 되던 해에 행복하게 살면서 은혜로운 목회 생활을 하던 그에게 뜻하지 않는 일이 발생했다. 그의 부인이 병을 얻게 된 것이었다. 부인의 병은 원인을 정확히 알 수 없었는데 증세는 무기력증이었다고 한다. 그는 자신의 간절한 기도로 부인의 병이 낫기를 원했지만 아내의 병세는 눈에 띄게 나아지지는 않았다.

그동안 겉으로 드러나지 않아서 그렇지 부인의 내조는 상당했다. 그의 목회 생활에 있어 대부분의 구차하고 어려운 일들을 부인이 싫은 소리 없이 해 왔었고, 때때로 커싱 목사가 심적으로 어려움에 처했을 때도 그녀는 늘 그에게 하나님이 계시는데 힘들어 할 일이 어디 있느냐고 격려를 하고 응원을 하였다. 특히나 성도들의 상담역을 그녀가 맡아서 했는데, 도시 생활에 지친 많은 성도들이 그녀를 의지하였다.

커쉰 목사는 '병상에 있는 부인이 곧 일어나겠지' 하는 생각으로 아내 병간호를 해 왔는데, 해가 가도 별 차도가 없자 걱정이 이만저만이 아니었다. 그래서 그는 부인을 위해 단호한 결정을 내리는데, 그것은 첫 목회지였고 부인과 신혼생활을 시작했던 시어스버그로 돌아가기로 한 것이었다. 일단 도시 생활을 벗어나 맑은 공기와 아름다운 자연에 있으면 병세가 좋아지리라는 생각 때문이었다. 부인은 자신 때문에 정든 목회지를 떠나는 것 같아 미안한 마음에 반대했지만 커쉰 목사는 부인이 낫기만을 바라는 마음이었기 때문에 안타깝지만 이 도시를 떠나는 것을 강행하였다.

시어스버그로 와서 부인을 요양시키며 병간호를 하는 한편 커쉰 목사는 목회에 전념하려고 많은 애를 썼다. 하지만 그의 바라던 바와 달리 부인은 결국 자리에서 일어나지 못하고 1870년 7월 13일에 남편의 곁을 떠나고 말았다. 그 충격은 너무나 커서 커쉰 목사는 모든 것을 잃어버린 것 같은 마음이었다. 가난한 목회 생활로 인해 한 번도 맘 편하게 살지 못한 부인이 불쌍하기만 하였다. 이러한 마음의 상처가 커서 그랬을까… 커쉰 목사가 점차 건강이 나빠지기 시작했다. 주위의 성도들도 커쉰 목사가 활발한 목회 생활을 못하게 됨을 두고 모두 걱정하기 시작했다. 그렇게 병환 중에 있던 커쉰 목사에게 믿기 어려운 일이 일어났다. 그것은 바로 성대에 이상이 생겨 점차 정상적인 목소리가 나오지 않아서 강단에 서는 게 어려워지게 되었다는 것이다.

하나님께서 주실 다른 은사를 위해 기도하다

결국 커싱 목사는 완전히 목소리를 잃어버리게 되었다. 많은 사람들이 그의 설교를 듣고자 했지만 그는 더 이상 강단에 설 수가 없게 되었다. 삼손이 머리카락이 잘리고 아무 것도 할 수 없게 된 것처럼 커싱 목사도 목회자로서 설교를 할 수 없게 된 것에 대해 엄청난 슬픔과 자괴감에 빠지고 말았다. 이제 더 이상 하나님으로부터 자신이 사용될 수 없다고 생각하고 있었다.

하지만 그는 자신이 하나님께 바친 몸이니 하나님께서 설교자로 사용하지 않으시면 그의 영광을 위하여 다른 목적에 쓰실 것으로 믿고 하나님의 섭리와 때를 기다리면서 열심히 기도했다. 그는 비극 속에서 조금도 실망하거나 불평하지 않고 믿음으로 순종하고 하나님의 뜻을 기다리면 모든 것을 해결해 주신다는 큰 믿음을 가지고 기도를 드렸다.

'사랑하는 주님! 건강한 몸으로 하나님께 충성하지 못하였는데 이 병든 몸으로나마 충성하고자 하오니 당신을 위하여 할 일을 허락하여 주옵소서.' 그는 매일 무릎을 꿇고 하나님께 애원하며 기도를 드렸다. 마치 야곱의 간절한 기도처럼 말이다.

그리고 하나님은 그의 간절한 기도를 들으셨다. 그에게 찬송시와 성가를 쓸 수 있는 천부의 재능을 허락해 주신 것을 깨닫게 하신 것이다. 그는 이전에는 알지 못했던 찬송시를 쓰는 재능으로 오늘날 우리가 부를 수 있는 많은 찬송을 탄생시켰으며 이 찬송도 그 중에 하나가 되었다.

사랑하는 부인을 잃고, 자신의 목소리도 잃어 설교를 할 수 없게 된 상황에 대해 그는 이 찬송 1절에 자신의 마음을 표현했다.

주 날개 밑 내가 편안히 쉬네 밤 깊고 비바람 불어쳐도
아버지께서 날 지켜 주시니 거기서 편안히 쉬리로다

2절은 오직 주님만이 평안을 주심을 표현하고 있다.

주 날개 밑 나의 피난처되니 거기서 쉬기를 원하노라
세상이 나를 위로치 못하나 거기서 평화를 누리리라

후렴은 그의 굳건한 믿음을 보여 주고 있다.

주 날개 밑 평안하다 그 사랑 끊을 자 뉘뇨
주 날개 밑 내 쉬는 영혼 영원히 거기서 살리

　이 감동의 찬송시를 위해 "나 주의 도움 받고자", "주 믿는 사람 일어나" 등 찬송 작곡의 대가였으며, 무디 전도단의 음악 감독이었던 아이라 샌키Ira David Sankey, 1840~1908가 이 곡을 작곡하였다. 애절한 사연을 담은 이 찬송시를 처음 접하고 감동받은 사람들이 이 찬송시를 무디 전도단에 전달하였는데, 이 찬송시를 받은 샌키가 너무나 마음에 들어 했다. 그래서 감동의 찬송시를 전해 준 사람들에게 "하나님이 보내 주신 선물이다."라고 말하며 상당히 흥분한 상태에서 감사의 말을 표현했다.

W.O.커싱　　I.D.샌키

41장_통478

no.30

주 날개 밑 내가 편안히 쉬네

W.O. Cushing 작사, I.D. Sankey 작곡

주 날개 밑 내가 편안히 쉬네 밤 깊고 비바람 불어쳐도
주 날개 밑 나의 피난처 되니 거기서 쉬기를 원하노라
주 날개 밑 참된 기쁨이 있네 고달픈 세상길 가는 동안

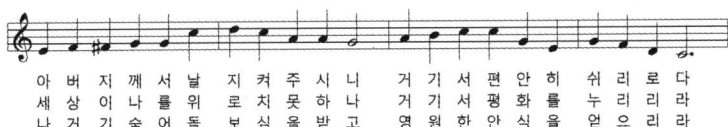
아버지께서 날 지켜 주시니 거기서 편안히 쉬리로다
세상이 나를 위로치 못하나 거기서 평화를 누리리라
나 거기 숨어 돌보심을 받고 영원한 안식을 얻으리라

주 날개 밑 평안하다 그 사랑 끊을 자 뉘뇨 -

주 날개 밑 내 쉬는 영혼 영원히 거기서 살리

알고 부르면 은혜로운 **찬송가**_199

425장_ 통217

주님의 뜻을 이루소서

A.A. Pollard 작사, G.C. Stebbins 작곡

선교사의 소망을 품다

이 찬송의 작사가 아덜레이드 애디슨 폴라드Adelaide Addison Pollard, 1862~1934는 1862년 11월 27일에 아이오와 주 블룸필드Bloomfield, Iowa에서 태어났다. 태어났을 때 그녀의 이름은 새라Sarah Addison Pollard였다. 폴라드는 100곡이 넘는 찬송과 복음성가를 만들었다. 그녀는 성장하면서 아이오와 주의 덴마크 시와 인디애나 주의 발파라이소Valparaiso에서 교육을 받았고, 시카고에 있는 무디성경학교Moody Bible Institute에서 신학 공부도 하였다. 이후에 시카고에서 후진을 가르치는 일도 하였고, 뉴욕에 있는 '기독교선교사연합훈련학교The Christian and Missionary Alliance Training School'에서도 학생들을 가르쳤다.

그녀는 이 연합훈련학교에 있는 동안 당뇨병으로 고생을 하였다. 당뇨병 증세가 있다 보니 쉽게 지치고 피로를 느끼곤 했다. 해야 할 일도 많고 하고픈 헌신도 많은데, 건강이 따라주지를 않아서 이만저만 마음이 괴로운 것이 아니었다. 주변의 사람들도 그녀의 건강을 걱정했고, 그녀가 병환에서 벗어나기를 바라며, 중보기도도 열심히 하였다. 상심해

있던 폴라드는 눈물의 기도를 하는 중에 주님이 완전한 건강을 허락하신다면 아프리카로 선교를 나가겠다고 서원을 하였다.

그녀의 기도는 계속되었고, 어느 날부터인가 서서히 피곤함을 느끼는 정도가 점차 덜해졌다. 그녀는 혹시나 하는 마음으로 병원을 찾았다. 그런데 병원에서 검진한 결과, 신기하게도 당뇨병이 다 나아 완치가 되었다는 것이 아닌가? 그녀는 기쁨의 눈물을 쏟으며 감사의 기도가 저절로 나왔다. 그녀는 서원한 대로 아프리카 선교를 가기로 결심하였고, 선교를 위해 모금운동을 하기 시작하였다.

꿈이 수포로 돌아가다

건강을 찾은 후 선교를 위한 모금을 하던 폴라드는 희망에 차서 시작한 모금운동이 기대했던 것과는 달리 별다른 호응이 없자 실망했다. 6개월이 지났는데도 모금이 거의 이루어지지 않고 있었다. 그녀는 기도로 하나님께 여쭈어 보았다. '주님! 온전한 건강을 주셔서 너무 감사합니다. 이전에 제가 기도드린 대로 해외 선교를 가려고 하니 모금이 될 수 있도록 하여 주시옵소서. 제가 서원한 것을 잘 알고 계시지요?' 하지만 그녀가 확실하게 느낄 정도로 주님이 주시는 응답이 오지 않았다. 주위에 많은 사람들이 걱정을 하고 있음에도 불구하고 모금은 여전히 잘 되지 않고 있었다. 함께 가기로 했던 다른 선교사들은 선교 비용을 잘 마련하고 있는데 비해 폴라드는 이렇다 할 정도로 진척되는 상황이 없었다.

모금을 시작한 지 1년이 경과하였지만 별다른 성과가 없어 그녀는 안타까운 마음으로 선교의 계획을 접어야 했다. 그녀의 실망감은 이만 저만이 아니었다. 심지어는 '하나님이 자신의 기도를 듣고 있지 않으신 게 아닌가?'라는 생각까지 했다. 자신을 위한 무언가를 원한 것도 아니고 하나님이 기뻐하실 선교를 해서 헌신하겠다는 것인데, 이렇게 환경이 안 따를지는 예상 못했던 일이었기 때문이다. 그녀는 원하던 일이 되지 않으니 아무 일도 하고 싶지 않았을 뿐 아니라 어떠한 헌신도 그녀에겐 의미가 없었다. 병을 완전히 낫게 해 주신 하나님에 대한 감사는 언제 있었냐는 듯이 잊어버리고 점차 주님에 대한 원망과 불만만 쌓여 가고 있었다. 주변에 계신 훌륭한 목회자들의 위로가 있었지만 전혀 그녀에게는 위로가 되지 않았다.

기도회에 참석해 노파의 기도를 듣다

그러던 중 1902년 그가 40세가 되었을 때 한 기도회에 참석하게 되었는데, 그 기도회에서 앉은 사람들이 돌아가며 기도를 하는 순서가 있었다. 그때 한 노파가 기도를 하는데, "주님이여, 우리의 삶에 어떤 일이 일어나도 좋사오니 주님의 뜻과 섭리만이 우리에게서 이루어지게 하소서."라고 기도를 드리고 있었다. 그 순간 그녀는 왜 지금까지 자신의 기도가 응답되지 않았는지 알게 되었다. 그녀의 마음속에 가득했던 불평과 괴로움, 무응답에 대한 상처가 사라지기 시작했다. 그녀는 기도회 중에 눈물이 쏟아지기 시작했고, 그동안 하나님의 뜻이 무엇인지는 모르고 자신이 원하는 것만 계속해서 기도로 쏟아 내던 것을 후회하고 있었다. 자신이 너무도 어리석었다는 생각과 주님의 마음을 몰랐다는 생각

이 들자 계속해서 눈물이 흘렀다.

    그녀는 그날 저녁 늦게 집으로 돌아와서 예레미야 18장 1절에서 6절까지를 읽고 묵상하였는데, 그중에서도 6절진흙이 토기장이의 손에 있음같이 너희가 내 손에 있느니라의 말씀이 그녀를 붙들었다. 그녀는 하나님의 뜻에 순종하고 하나님의 계획에 따라 자신의 삶을 새롭게 나가야 할 필요가 있음을 알게 되었다. 그러면서 그녀에겐 마음의 평안이 찾아오고 있었다. 그녀는 이러한 마음들을 그날 밤 글로 남겼다.

> 주님의 뜻을 이루소서 고요한 중에 기다리니
> 진흙과 같은 날 빚으사 주님의 형상 만드소서
> 주님의 뜻을 이루소서 주님 발 앞에 엎드리니
> 나의 맘속을 살피시사 눈보다 희게 하옵소서

결국 하나님은 그분의 뜻에 따라 폴라드를 아프리카, 영국, 그리고 미국 전역에서 선교하도록 허락하셨다. 그녀는 부흥사 존 도위John Alexander Dowie와 함께 사역하였는데, 물론 아프리카에서도 함께 사역하였다. 1914년에 1차 대전이 발발하자 그녀는 스코틀랜드에 머물렀다가 전쟁이 어느 정도 수그러들자 뉴욕으로 다시 돌아왔다.

이 곡은 작사가 되고 5년이 흘러 작곡이 되었는데, "주 예수 내가 알기 전", "영광을 받으신 만유의 주여" 등을 작곡하고 역시 무디 전도단의 멤버이기도 한 조지 스테빈스George Coles Stebbins, 1846~1945가 작곡하였다.

하나님은 '주님의 뜻대로 하옵소서.' 하고 모든 것을 내어 놓고 전심으로 기도하는 사람을 쓰신다. 이제 우리는 우리에게 이런 질문을 해야 한다.

"위대한 토기장이이신 하나님께서 나를 뜻대로 쓰실 수 있도록 나는 나를 온전히 내어드리고 있는가?"

※ 폴라드의 죽음에 관해

1934년 72세였던 폴라드는 크리스마스 시즌을 맞아 뉴저지로 가려고 뉴욕의 집을 나섰다. 뉴저지에서 열리는 여러 가지 종교행사에 참여하고자 했기 때문이다. 그런데 그녀가 뉴욕 시 열차 역에서 열차를 기다리고 있는 동안 몸에 이상을 느꼈고, 참기 어려운 고통이 오기 시작했다. 그래서 그녀는 인근 Y.W.C.A 본부로 빨리 가려고 했는데 가는 도중에 그만 쓰러져서 의식을 잃고 말았다. 그녀는 병원으로 옮겨졌으나 숨을 거두었고, 그녀가 사망한 원인은 맹장충수 파열이었다고 한다.

G.C.스테빈스

79장_ 통40

주 하나님 지으신 모든 세계

C.G. Boberg 작사, 작곡

자유로운 예배 형식을 주장하던 보벌크 목사

여러 기독교 단체 중 하나인 미국복음전도신학교회Evangelical Mission Church of America는 원래 스웨덴에서 시작한 교회로서, 루터교회의 엄격한 형식주의에 항거하는 신도들이 자유로운 예배 형식을 주장하여 시작하였는데, 그 후 스칸디나비아에서 국교로 정하게까지 이르렀다. 간단히 표현하면 이를 '스웨덴 언약교회'라고 한다.

이 언약교회를 이끌던 칼 규스타프 보벌크Carl Gustaf Boberg, 1859~1940는 1859년 8월 16일 스웨덴 뮌스테라스Monsteras에서 목수의 아들로 태어났는데, 십대 때 선원으로 일하기 시작했다. 항해 중 파도에 휩쓸려 죽음의 고비를 맞기도 했던 그는 늘 자연 앞에서의 인간의 존재라는 것은 작은 벌레처럼 나약할 뿐이라는 것을 깨달았다. 그는 누구보다도 자연에 대한 숭배심이 컸는데, 그러다보니 창조주에 대한 관심이 많고, 19세에 성경을 접하게 되면서 하나님의 임재를 확인하고 인정하게 되어 세례를 받음과 동시에 크리스티넘Kristinehamm에 있는 성서학교에 입학하였다. 그리고 2년 동안 평신도 설교자로 활동하였고, 1890년부터 종교

주간지인 세닝뷔트네Sanningsvittnet의 편집자로서 일했다. 그는 언론인으로 활약상이 커서 1912년부터 1931년까지 19년간 스웨덴 국회 상원의원으로서 정치활동을 하였다. 또한 그는 제대로 된 스웨덴 최초의 찬송가 Covenant Hymnal가 만들어지는 데 많은 공헌을 하였다.

설교자로 사역 중 여행을 하다

보벌크는 설교자로 곳곳을 다니며 활동을 하였는데, 언변도 좋고 그 중심에 하나님에 대한 경외심이 굳건하여서 여러 곳에서 있었던 그의 설교에 많은 사람들이 감동을 받았다.

그렇게 목사의 신분으로 설교 사역을 하던 1886년, 그는 스웨덴의 남동부 해안지역으로 여행을 가게 되었다. 그의 나이가 27세였는데, 당시에는 성령이 상당히 충만했을 때였다고 전해진다.

즐거운 여행 중 대낮에 갑자기 천둥번개와 비바람을 만나서 잠시 대피를 하였는데, 얼마나 요란한 천둥과 무서운 비가 내리는지 심한 공포심에 사로잡힐 정도였다. 그러나 시간이 지나고 서서히 날씨가 잠잠해지면서 날은 맑게 개이고 다시 눈부신 햇살이 비쳐왔다. 또 숲에서는 새들의 지저귀는 소리도 들려왔다. 보벌크는 소나기가 지나간 후 자신의 나라 스웨덴의 크게 펼쳐진 아름다운 풍경에 너무나 황홀한 마음이 들어 감탄하지 않을 수 없었다. 비 개인 후의 초원과 호수가 어찌나 아름다운지 이 자연을 지으신 분에게 찬사를 보내고 싶을 뿐이었다. 그는 즉시 그 자리에서 무릎을 꿇고 전능하신 창조주 하나님께 겸손하게 엎드려 기도드렸고, 기도를 마친 후 기도했던 내용에 대해 기억을 되살려서 9편의 시를 썼다.

그는 시의 내용에서 하나님께서 지으신 그 세계는 신비로 꽉 차 있고 하늘의 별의 아름다움, 초목과 숲의 아름다움, 울려 퍼지는 뇌성과 같은 것들이 모두 신비하고 아름다운 황홀한 경지라고 고백하고 있다. "우리가 살고 있는 하나님의 세계는 모두가 다 신비한 것으로서 그가 지으신 하늘의 별, 울려 퍼지는 뇌성, 이 땅의 초목과 숲 등의 자연의 미美만으로도 하나님께서는 감사와 찬양과 영광을 받으시기에 충분하신대도 그의 독생자 아들 예수님까지 세상에 보내셔서 우리 죄를 대신하여 죽으시게 하셨으니 참으로 하나님의 높고 위대하시고 관대하심은 나의 영혼이 영원히 찬송해야만 하는 것이 아닌가."

이 곡의 원제는 "O Store Gud, nar jag den varld beskader오 위대한 하나님, 내가 놀라운 세계를 볼 때"이다.

> 주 하나님 지으신 모든 세계 내 마음속에 그려어 볼 때,
> 하늘의 별 울려 퍼지는 뇌성, 주님의 권능 우주에 찼네
> 주님의 높고 위대하심을 내 영혼이 찬양하네
> 주님의 높고 위대하심을 내 영혼이 찬양하네
> (Then sings my soul, my Savior God, to thee.
> How great thou art!)

빌리 그레이엄 목사를 만나 전 세계에 찬송이 알려지다

이 시가 완성된 뒤에 이것이 바로 찬송으로 알려진 것은 아니었다.

그저 시로서 조금씩 알고 있었을 뿐, 사람들의 입에서 회자되고 있던 것은 아니었다. 지금은 출판사의 한 직원이라고 알려지지만 확인이 되지 않은 단순 추측인데, 어떤 사람이 이 시가 스웨덴의 민요와 운율이 같다는 것을 알고 부르게 된 것이 이 찬송이 탄생한 배경이 되었다고 한다. 이 곡은 단순한 곡이었으나 국민들의 가슴속 깊이 스며들어 애창하는 곡이 되었고, 보벌크 목사도 이 시를 민요와 결합시켜서 모든 사람이 부를 수 있게 된 것을 기뻐했다. 스웨덴에서도 사랑을 받는 찬송이었지만 이웃 나라인 폴란드, 독일, 러시아에서 더 많이 부르게 되었는데, 특히 우크라이나 지방에서는 거의 국민 가곡처럼 애창되었다. 이 찬송은 1907년에 독일어로 번역되었는데, 순식간에 독일 전역에서 사랑을 받는 찬송이 되었다. 1927년에 우크라이나에 선교사로 와 있던 영국 런던 태생의 스튜어트 하인Stuart Wesley Keene Hine, 1899~1989 목사가 이 찬송에 깊은 감동을 받아 3절까지 영어로 번역을 하였다. 그 후 스튜어트 하인 목사는 세계 2차 대전이 발발하여 영국으로 귀국, 1948년에 독자적으로 4절 가사를 만들어 붙였다. 그리고 1949년부터 영어권 국가들에서 이 찬송이 낱장으로 제작되어 전단지 형태로 배포되었다. 1954년에 빌리 그레이엄 전도대가 영국을 방문했을 때는 전도 집회의 주제가로 이 찬송이 불렸고, 그 유명한 가수 조지 쉐어가 1954년에 노래로 정식 취입하면서 이 찬송은 전 세계에 알려지게 되었다.

국내에는 1959년 청년 찬송가에서 채택한 것을 1962년 새 찬송가에 최초로 수록하였다.

하나님이 창조하신 세계. 우리는 하나님이 창조하신 이 아름다운 세상이란 것을 깨닫지 못하고 하루하루 살고 있는 것은 아닌가? 모든 사물을 볼 때마다 감사가 넘치는 성령 충만한 신앙생활이 되어야 하는 것은 아닐까?

C.G.보벌크

S.W.K.하인

주 하나님 지으신 모든 세계

C.G. Boberg 작사, 작곡

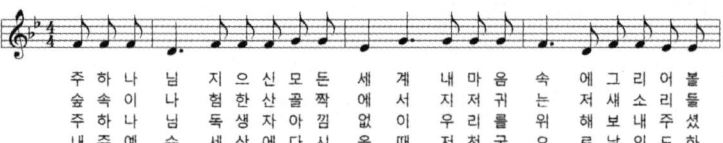

주 하 님 지 으 신 모 든 세 계 내 마 음 속 에 그 리 어 볼
숲 속 이 나 험 한 산 골 짝 에 서 지 저 귀 는 저 새 소 리 들
주 하 나 님 독 생 자 아 낌 없 이 우 리 를 위 해 보 내 주 셨
내 주 예 수 세 상 에 다 시 올 때 저 천 국 으 로 날 인 도 하

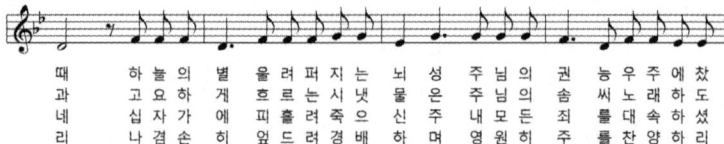

때 하 늘 의 별 울 려 퍼 지 는 뇌 성 주 님 의 권 능 우 주 에 찼
과 고 요 하 게 흐 르 는 시 냇 물 은 주 님 의 솜 씨 노 래 하 도
네 십 자 가 에 피 흘 려 죽 으 신 주 내 모 든 죄 를 대 속 하 셨
리 나 겸 손 히 엎 드 려 경 배 하 며 영 원 히 주 를 찬 양 하 리

네 주 님 의 높 고 위 대 하 심 을 - 내 영 혼 이 - 찬 양 하
다
네
라

네 주 님 의 높 고 위 대 하 심 을 - 내 영 혼 이 - 찬 양 하 네

516장_ 통265

옳은 길 따르라 의의 길을

H.E. Nichol 작사, 작곡

음악을 공부하고 교회학교에서 헌신하다

　찬송 "옳은 길 따르라 의의 길을We've a story to tell to the nations"의 작사, 작곡을 한 헨리 어니스트 니콜Henry Ernest Nichol, 1862~1928은 1862년 12월 10일 영국 요크셔에서 태어나 명문 옥스퍼드 대학에 진학했다. 원래는 엔지니어링을 공부하였으나 중도에 길을 바꾸어 작곡을 전공하였고 1888년에 대학을 졸업하였다.

　그는 옥스퍼드 대학을 다니고 있는 동안에도 교회 주일학교 교사로서 열심히 헌신을 하였다. 특히 그는 청소년 찬양대에 매우 관심이 많았고, 그런 일에 봉사하는 것을 매우 큰 기쁨으로 알았으며, 그 일에 대한 자부심도 대단했다.

　늘 긍정적이고 진취적인 성격을 가지고 있어서 많은 청소년들이 그를 좋아하며 따랐고, 가장 인기 좋은 주일학교 선생님이 되기도 하였다. 그는 사실 대학에서 공과대를 다니며 엔지니어링을 공부할 정도로 머리가 명석하였는데, 청소년들에게 음악을 가르치는 일이 좋아 진로를 바꾸어 음악을 공부하게 되었다. 자신이 음악을 가르치는 동안 자신을 따르는 아이들의 찬양 수준이 점차 높아져서 이전보다 더 어려운 찬양도 소화해 나갈 때마다 그의 마음에는 감동이 가득했다. 교사로 헌신함에 있어 아이들이 변화될 때마다 주님이 주시는 은혜와 감동이 얼마나 큰 것인지 말로 다 표현할 수 없었다. 니콜은 아이들을 위해서 일을 한다면 좀 더 전문적인 음악지식을 가져야 한다는 생각에 부모님의 반대를 무릅쓰고 전공을 바꾸어 음악을 전공하였다. 그는 청소년들에게 주님을 찬양하는 일이 얼마나 중요한지를 항상 강조했고, 성인이 되어 하나님의 사역에 적극 동참하는 것이 가장 기쁜 일이라는 것을 중요한 덕목으로 가르쳤다.

구약 에스겔의 말씀을 늘 가슴에 품다

그는 아이들을 가르칠 때마다 마음에 품고 있는 말씀이 있었는데, 그것은 구약 에스겔의 말씀이었다. 그는 마른 뼈가 모여서 큰 군대가 되는 에스겔의 환상을 사모하였다. 그래서 청소년들이 잘 양육되어서 후일에 청년이 되면 하나님이 원하시는 하나님의 도구가 되기를 매일 기도드렸다. 또한 니콜 자신이 아이들을 그렇게 양육하는 일에 크게 쓰임받기를 너무도 소망하였다. 아이들이 자라서 자신의 나라 영국을 떠나 먼 오지까지 선교의 길을 떠나기를 그는 더욱 바라고 있었다.

또한 니콜은 "너희는 가서 모든 민족을 제자 삼으라."는 마태복음 28장의 마지막 절인 19~20절의 말씀을 인용하면서 청소년들을 강권하였는데, 이러한 일들이 많은 선교사들을 배출하는 결과를 낳았다.

그는 나이가 들면서 더욱 성숙한 모습으로 많은 선교단을 지원하였으며 특히나 선교단의 찬양을 매우 깊이 있게 가르쳤다. 그리고 선교를 위해서는 언제나 긍정적인 사고를 갖기를 원했다. 아무리 어렵고 험한 난관이 있더라도 하나님께서 함께 하심을 잊지 말고 땅 끝까지 복음을 전하기를 설파하며 격려하였다.

선교를 두려워하는 제자들을 만나다

그의 값진 노력의 결과로 많은 선교사들이 배출되는 중에 그가 한 선교단을 지원하러 가는 일이 있었다. 이 선교단은 아시아 오지로 선교를 떠나기 위해 준비해 오던 선교단이었는데, 선교지에 대한 정보도 별로 없고 현지 언어에 대해서도 능통한 자가 없어 여러 가지로 고민을 하고 있던 차였다. 그는 지금까지 이런저런 선교사 파송에 대한 좋은 선교의 사례를 들면서 함께 앉아 있는 파송이 예정된 청년 선교사들을 위로하고 격려하고 있었다.

그는 청년들에게 '그리스도의 사랑을 체험한 자들이 세계 각국의 오지와 황량한 땅에 복음을 들고 나가 그리스도를 전해서 많은 사람들이 구원의 길로 인도되었다'는 이야기와 함께 진리와 생명의 길을 찾으려는 사람들에게 '예수 그리스도 없이는 아무도 그 길을 찾을 수 없다'는 사실을 알려야 한다고 강조하였다. 그리고 예수 그리스도만이 길이요, 진리요, 생명이시라는 것을 잊지 말라고 당부하였다.

그런데 서로가 나누던 이야기를 마무리 하는 시간에 다함께 손을 잡고 주님께 기도를 드렸는데 몇몇 청년이 눈물을 흘리고 있었다. 그들은 집을 떠나는 두려움, 낯선 오지에 대한 걱정, 생명이 보장되지 못할 수도 있다는 공포심에 짓눌려 마음에 평정을 찾지 못하고 있었다. 니콜은 그들을 위로하였지만 아직 20대 초반의 어린 선교사들은 여전히 담대한 마음을 품지 못하였다.

청년 선교사들을 위한 찬송을 받게 되다

니콜은 집으로 돌아와 식사를 하는 것도 잊고 여러 가지 고민을 하기 시작했다. 조금 전 기도 시간에 눈물을 흘리며 불안해하던 청년들의 얼굴이 계속해서 눈앞에서 떠나지 않고 있었다. 그는 집 마룻바닥에 무릎을 꿇고 통성으로 기도를 하기 시작했다. 그 청년들에게 담대한 마음을 주시고, 사탄이 주는 두려움을 멀리 할 수 있도록 하나님이 직접 그들을 만져 주시기를 간곡하게 애원하고 있었다. 그들이 용감한 마음으로 선교지에 나아가게 해 달라는 것과 선교지에서 닥칠 여러 가지 어려움이 있을 때에도 이겨 낼 수 있는 힘을 달라고 뜨겁게 부르짖고 있었다.

그가 온 힘을 다해 기도를 끝내고 마루에 그대로 앉아 있는데, 갑자기 하늘로부터 오는 영감이 그의 가슴 속을 파고들었다. 마른 뼈가 모여 군대가 되어 진군하는 군가가 들리는 것이었다. 그는 바닥에 엎드린 채 오선지에 들리는 그 군가를 음표로 옮기고 있었다. 하나님이 직접 주신 그 힘찬 군가는 아래와 같다.

좁은 길 따르라 의의 길을, 세계 만민의 참된 길
이 길 따라서 살기를 온 세계에 전하세 만백성이 나갈 길

주 예수 따르라 승리의 주, 세계 만민이 나아갈 길과 진리요 참 생명
네 창검을 부수고 다 따르라 화평 왕
어둔 밤 지나고 동 튼다 환한 빛 보아라 저 빛
주 예수의 나라 이 땅에 곧 오겠네 오겠네
(For the darkness shall turn to dawning,
And the dawning to noonday bright:
And Christ's great kingdom shall come on earth,
The kingdom of love and light)

    이 찬송은 어두움과 거짓이 가득한 이 세상에 우리 주 예수 그리스도의 환한 빛이 임하게 되고, 이제 곧 하나님의 나라가 눈앞에 펼쳐진다는 내용을 힘차게 선포하고 있다. 그가 받은 이 찬송은 영국 젊은이들의 가슴속에 진취적이고 담대한 선교 정신을 심어 주었다.

    예수 그리스도의 십자가 보혈만이 진정한 빛과 평화이며, 승리의 기쁨을 가능하게 한다. 우리 그리스도인들이 가야 할 길은 의의 길을 향해 나아가야 하고 땅 끝까지 그리스도의 복음을 전해야 할 것이다.

    이 찬송은 영국에서 발간된 찬송집 *The Sunday School Hymnary* 1896년에 처음 수록되었고, 니콜은 130여 편의 주일학교 찬송을 작곡했을 뿐 아니라 14권의 찬송집을 편찬할 정도로 매우 열정적인 사람이었다.

※ 작사자의 이름에 대해

이 찬송의 작사자가 때때로 콜린 스턴$^{Colin\ Sterne}$라고 표기되어 있는 경우도 있는데, 이 이름은 니콜의 유쾌하고 공학도였던 성격이 내포되어 있는 아주 재미있는 사례이다. 자신의 성인 'Nichol'의 알파벳을 재배열하여서 'Colin'을 만들었고, 이름인 'Ernest' 역시 재배열해서 'Sterne'을 만들어 자신이 만든 작품의 예명으로 사용하였다.

그 크신 하나님의 사랑

F.M. Lehman 작사, 작곡

가난한 목사, 레만

　프레데릭 레만 목사Frederick Martin Lehman, 1868~1953는 1868년 8월 7일에 독일의 중부 도시인 슈베린Schwerin에서 태어났다. 4살이 되던 1872년에 그의 가족은 미국으로 이민을 와서 아이오와 주에 정착을 하였다. 그는 대부분의 어린 시절을 이곳에서 보냈으며 11살에 하나님을 믿게 되었다.

　레만은 일리노이 주 네이퍼빌Naperville에 있는 노스웨스턴 대학에서 신학을 공부하였고, 아이오와 주의 오더본Audubon, 인디애나 주의 뉴런던New London, 미주리 주의 캔자스Kansas 시에서 목회 생활을 하였다. 그의 목회 특징은 설교 중에 찬송을 많이 불렀다는 것인데, 성량聲量도 풍부하고, 음색도 좋아 설교만큼이나 그가 부르는 찬송이 많은 이들에게 은혜와 감동을 주었다.

　레만 목사는 시골 교회에서 목회를 하고는 있었으나 그가 시무하던 대부분의 교회들이 너무 작아서 사례비를 받을 만한 형편이 되지 못하였다. 그래서 가난에서 벗어난다는 것이 매우 힘들 뿐 아니라 자식까지 있는 가정을 꾸려 나가기가 곤란하였다. 그래서 레만 목사는 목회 생활을 해 나감과 동시에 가족들을 위해 생계를 유지할 수 있는 일이라면 무엇이든지 해야만 했기에 병원, 공장, 농장 등 어디든지 가리지 않고 일을 했다.

아내가 준 도시락

주말에는 설교준비를 하고 평일에는 열심히 일을 하는 레만 목사. 1917년, 캘리포니아 패서디나Pasadena에 있는 치즈 공장에서 일할 때였다. 치즈 주문이 적은 날은 좀 여유 있게 일을 할 수 있지만, 주문이 많이 들어오는 날에는 꽤나 일손이 바빴다. 레만은 바쁘게 오전 작업을 마치고 좀 늦은 점심을 먹으려고 일어섰다. 공장 입구의 따뜻하게 볕이 드는 곳에 함께 일하던 사람들과 둘러앉아서 아내가 정성껏 준비해 준

도시락을 꺼냈다. 그의 마음은 이렇게 일할 수 있게 해 주시고 또 때가 되면 먹을 수 있게 해 주시는 하나님께 너무 감사했다.

그는 점심을 먹으려고 도시락 뚜껑을 여는데, 도시락 뚜껑에 있던 리본 모양으로 접힌 메모지 하나가 땅에 툭! 떨어졌다. 레만은 '무얼까' 하는 궁금증에 얼른 메모지를 주워 매듭을 풀었다. 그 메모지는 유태인의 시 "하다무트Haddamut"를 읽다 감동을 받은 아내가 그 시를 그대로 써서 남편의 도시락에 넣어 준 것이다. 그 메모는 이렇게 씌어져 있었다.

"바다를 먹물 삼고, 하늘을 두루마리 삼아도 어떻게 하나님의 사랑을 다 쓸 수 있을까?"

레만은 아내가 써 준 시를 읽고 너무나 큰 감동을 받아 눈물을 글썽였다. 그는 식사를 하는 것도 잊은 채 공장 벽에 기대어 몽당연필을 들고서 방금 읽은 시에 대한 감정을 그대로 메모하기 시작했다. 이때 레만 목사가 메모한 것이 현재의 찬송 "그 크신 하나님의 사랑"의 1절과 2절이다. 그리고 그는 3절에서는 유태인의 시를 그대로 인용했다. 그리고 레만은 저녁에 퇴근을 하고 흥분된 마음으로 집으로 달려가서 이 글에 맞는 음표를 그려 넣으면서 작곡을 마무리하였다.

1절 가사의 시작이 그렇듯이 그 크신 하나님의 사랑은 말로 다 형용할 수가 없다. 우리가 살면서 주님께 드리는 사랑이 굴곡이 있을지라도 하나님께서 우리에게 주시는 사랑은 늘 한결같고 잠시도 쉬지 않고 주시는 사랑이다.

레만 목사는 찬양곡을 만듦으로써 자신의 삶의 대부분을 주님께 바쳤다. 30세가 되던 1898년 아이오와 주의 킹슬리Kingsley에서 목회할 때부터 찬양곡을 만들기 시작했는데 그는 100여 곡이 넘는 찬양곡을 만들었을 뿐 아니라 5권의 찬양곡집을 편찬하였다. 그는 43세였던 1911년에 캔자스 시로 가서 "나사렛 출판 하우스Nazarene Publishing House"를 설립하였다.

이 찬송은 1948년에 레만 목사의 딸인 클라우디아 레만 메이스Claudia Faustina Lehman Mays, 1892~1973가 편곡을 하여 현재의 곡 형태가 되었다.

이 찬송의 근거가 되는 시 "하다무트"는 1050년에 독일 유태인의 회당의 지휘자였던 마이르 벤 이사크 느호라이Meir Ben Isaac Nehorai가 썼다는 설도 있고, 유태인 랍비 요셉 마르크스Joseph Marcus가 썼다고도 전해지나 실제로는 그 이전에 씌어졌고, 마르크스가 번역한 것으로 추측이 된다. 또한 1948년에 레만 목사가 쓴 『노래에 담긴 사연』History of the song 이라는 책에는 시 "하다무트"에 대해, 정신병원에 있던 한 환자가 죽기 직전 제정신이 돌아왔을 때 이 대서사시를 수감되어 있는 방의 벽에다가 써놓고 죽었는데 그 후에 이 벽에 쓰여 있던 구절을 옮겨서 시를 완성하였다고 모든 사람들이 믿고 있다고 기술해 놓았다. "하다무트"는 원래 주요 절기인 칠칠절 첫 날에 십계명을 읽기 직전에 부르는 찬송이다.

이 찬송에 관한 실화도 존재하는데 여기서 짤막하게 소개하려고 한다. 철의장막 안에 사는 어떤 어머니가 '빌리 그레이엄 전도단'이 배출한 세계적인 가수 조지 쉐어에게 편지를 보냈다. 그 편지의 내용은 아들이 성악을 전공하고 있고 성가를 부르고 싶은데 자신의 나라에는 그런 성가곡이 없으니 좋은 성가를 좀 보내 줄 수 없겠느냐는 것이었다. 그래서 조지는 음반 3매를 보냈는데 그 소포가 무사히 도착하여서 그들의 손에 전달되었다. 어머니는 조지 쉐어에게 감사의 편지를 쓰고, 음악 지도 선생님에게 아들이 성가를 부르고 싶어 한다고 말했다.

그러나 그 음악 선생님은 복음성가가 무엇인지도 몰랐다. 그래서 아들은 "만약 선생님이 축음기를 가지고 계신다면 제가 음반을 가져다가 틀어서 들려 드리고 제가 배우고 싶어 하는 노래의 종류가 어떤 것인지 알려 드리고 싶습니다."라고 용기를 내어 말을 했다. 그 선생님은 영어와 독일어를 아는 선생님이셨는데, 성가곡 음반을 듣고는 어찌나 기뻐하며 좋아했던지 한 달 내내 종일토록 성가곡만 들었다. 선생님은 특히 "그 크신 하나님의 사랑"이라는 찬송을 좋아했는데 자국의 언어로 번역까지 하였고, 직접 유리창이 다 떨릴 정도로 크게 그 찬양을 불렀다. 심지어 그 선생님은 유리창을 활짝 열어 놓고 찬송가를 부르는 위대한 용기를 보였는데 이것은 철의장막 안에서는 상상도 못할 일이었다.

그 선생님의 집은 대로변이어서 지나가는 사람은 누구나 그 선생님의 아름다운 노래를 들었는데, 선생님은 행복한 마음으로 의자에 뛰어 올라가 피아노를 치며 노래하고는 "원더풀! 원더풀!"을 연발하였다고 한다.

F.M.레만　　C.L.메이스

304장_통404

no.34

그 크신 하나님의 사랑

F.M. Lehman 작사, 작곡

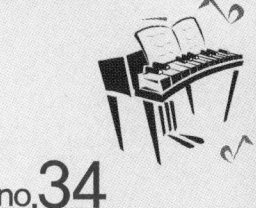

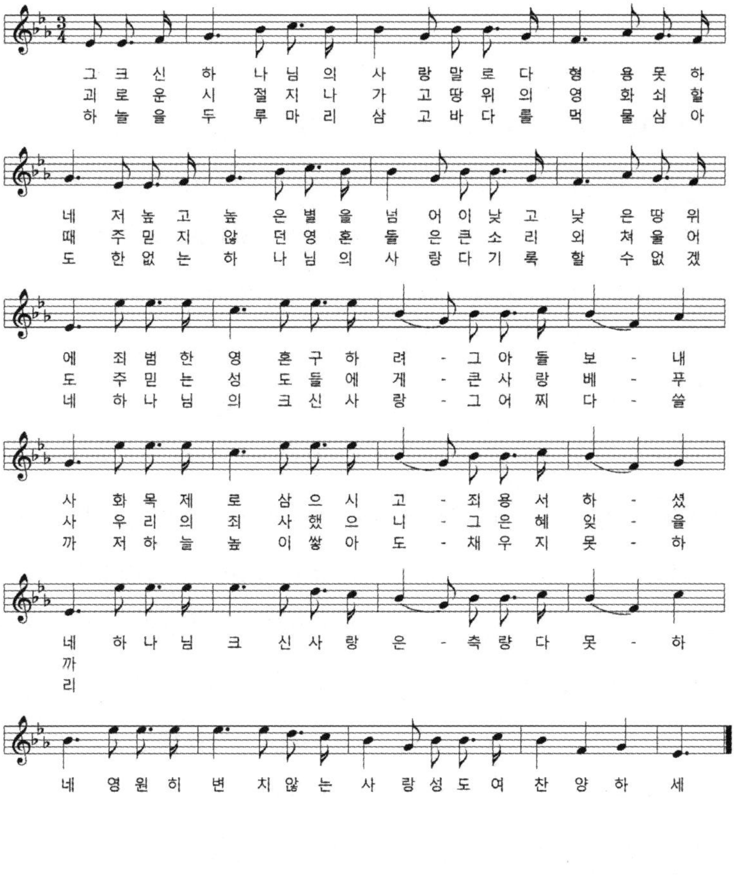

538장_ 통327

죄짐을 지고서 곤하거든

L.N. Morris 작사, 작곡

주님 때문에 행복했지만 한 가지 걱정이 있었다

렐리아 네일러 모리스L.N. Morris: 1862-1929는 1862년에 오하이오 주 펜스빌Pennsville, Ohio에서 태어났다. 부모님 모두 신실한 신앙인이었고, 그녀도 그러한 가정 분위기에서 자랐기 때문에 늘 교회에서 무언가를 하는 것을 좋아했다. 그녀는 어렸을 적 아버지의 직업으로 인해 몰타 Malta 섬에서 살기도 했다. 온 가족이 감리교인이었고 그녀 역시 성장해 감에 따라 감리교단에서 많은 활동을 하였는데, 특히 성경 캠프에서 그 활약상이 컸다. 그녀는 아이들과 대화하는 것을 좋아했고, 캠프를 통해서 아이들을 결신하게 하는 데 많은 정성을 들였다. 오하이오 주에서 열렸던 유명한 성경 캠프인 세브링 캠프Sebring Camp나 버논산Mt. Vernon을 근거지로 하는 캠프에서 주로 일을 많이 했다. 그렇게 헌신을 하던 중 그녀는 28살이 되던 1890년부터 작곡을 하기 시작하였고, 1892년부터는 본격적으로 작사, 작곡을 왕성하게 하였다.

렐리아는 늘 주님을 위해서 일한다는 것 자체가 행복하였다. 헌신이라는 것도 내가 하고 싶다고 해서 하는 것이 아니고, 주님이 일할 수 있도록 여건을 만들어 주셔야만 된다는 것을 너무도 잘 알고 있었기 때문이다.

하지만 그녀에게 단 한 가지 걱정이 있었다. 그녀는 어렸을 적에 심하게 앓은 적이 있었는데 그 후에 고도근시가 되어 나이가 들어 성장할수록 시력이 약화되어 점차 사물을 제대로 볼 수 없게 된 것이었다. 그녀는 '이러다 앞을 못 보게 되면 성경 캠프나 전도 집회에서 헌신을 할 수 없게 되는 게 아닐까' 하는 걱정이 들었다. 그러나 결국 그녀는 51세에 완전히 시력을 잃게 된다.

메릴랜드에서 열린 캠프에 참가하다

렐리아는 36세가 된 1898년에 메릴랜드 주의 한 공원 Mountain Lake Park에서 열린 전도 집회에 참가하여 여러 가지 일을 도우며 헌신하게 되었다. 물론 이 시기도 시력이 나빠지는 과정에 있었고 사물을 형태로만 감지할 때였다.

집회가 진행되는 어느 주일날 아침에 집회를 이끌던 베이커 목사의 설교가 있었는데, 설교의 제목이 "회개"였다. 목사님의 설교는 매우 강렬했고, 너무나 많은 사람들이 회개의 눈물을 흘렸다. 설교가 끝나고 아일랜드 출신의 찬양 인도자인 헨리 길모어 Henry Lake Gilmour가 찬양을 선창하기 시작했고, 많은 이들이 큰소리로 찬양을 따라 부르는가 하면 죄를 뉘우치는 통곡의 눈물을 흘리는 사람도 많았다. 찬양이 계속 되는 동안 여기저기서 많은 사람들이 하나님을 믿기로 결신하였고, 모두들 알타 콜 Altar Call('알타 콜'은 강대상 아래에 무릎을 꿇을 수 있게 단을 만들어서 회개하는 사람. 결신자 또는 특별 기도를 받기 원하는 사람이 설교 후 그곳에 나가 무릎을 꿇으면 목사나 교우들이 나와서 그들의 어깨에 손을 얹고 함께 기도해 주는 것이다)을 받기 위해 강대상 쪽으로 나와서 무릎을 꿇기 시작했다. 그리고 나서 결신자들의 회개 기도가 이어졌고 목사님과 교우들이 그 사람들을 붙들고 열심히 중보기도를 하였다.

흔들리는 여인을 보다

알타 콜이 이어지는 동안 렐리아는 '혹 도움이 필요한 사람이 있지 않을까?' 하는 마음에 집회에 참석한 사람들 사이를 걸어 다니고 있었다. 그때 그녀의 눈은 잘 보이진 않았지만 분명히 결신을 못하고 주저하고 있는 사람이 있다는 느낌을 받았다. 렐리아는 그 느낌이 오는 쪽으로 가서 그 사람이 있는 곳 가까이로 다가갔다. 그 사람은 중년의 교양 있게 생긴 여인이었다.

렐리아는 그 여인의 옆에서 조용히 무릎을 꿇었다. 그리고 그 여인의 어깨에 손을 대고 하나님께 간절히 기도하였다. 한 영혼이 죄의 사슬을 끊어버리고 이제 막 은혜가 넘치는 주님의 세계로 발을 들여 놓으려는 순간이었다. 렐리아는 아주 큰소리로 힘 있게 "자, 이제 당신의 모든 의심을 버리셔야 합니다."라고 소리쳤다. 찬양 인도자인 길모어도 "이제는 더 이상 예수를 부인하시면 안 됩니다."라고 크게 이야기하고 있었고, 설교자 베이커 목사도 "지금입니다! 주님이 들어오시도록 마음 문을 활짝 열어 주시기 바랍니다!"라고 계속해서 이야기하고 있었다.

그 여인은 몹시 흐느껴 울기 시작했고, 심지어 몸을 부들부들 떨고

있었다. 이때 렐리아는 다시 한 번 그 여인에게 이야기했다. "예수님이 당신의 마음속으로 들어오실 수 있도록 하십시오. Let Jesus come into your heart" 결국 그 여인은 마음을 열고 예수님을 받아들였고 결신하게 되었다. 그녀가 강대상 앞으로 걸어 나오자 많은 사람들이 함께 눈물을 흘리며 예수님을 연호하고 뜨겁게 박수를 쳤다.

주신 말씀이 가슴에서 떠나지 않다

그 여인이 결신한 오전 집회가 끝나고 점심시간이 되었지만 렐리아는 오전에 있었던 일에 대한 감동으로 흥분이 되어 점심 식사를 전혀 할 수가 없었다. 집회를 진행하는 여러 스태프Staff들도 삼삼오오 모여 식사를 하면서 오전 집회 때 주님이 주신 은혜에 대해 많은 이야기들을 나누고 있었다.

렐리아는 야외 텐트 아래 의자를 놓고 앉아 조용히 묵상을 하기 시작했다. 이런 좋은 집회에 참석하여 헌신하는 것만 해도 참 감사한 일인데, 이렇게 은혜로운 시간이 되게 하여 주시니 얼마나 더 감사해야 할지 모를 정도였다. 그런 감사의 마음으로 묵상을 하고 있는데, 그녀의 가슴을 파고드는 말씀이 있었다. "볼지어다 내가 문 밖에서 서서 두드리노니 누구든지 내 음성을 듣고 문을 열면 내가 그에게로 들어가 그와 더불어 먹고 그는 나와 더불어 먹으리라"는 요한 계시록 3장 20절의 말씀이었다.

그녀는 조금 전 그 여인에게 했던 "예수님이 당신의 마음속으로 들어오실 수 있도록 하십시오. Let Jesus come into your heart"라는 말과 함께 가슴에서 요한계시록의 말씀이 계속해서 떠나지 않고 맴돌고 있었다. "Let Jesus come into your heart"라는 말을 번역하면 "주님을 마음에 모셔 드리자."라는 뜻이 된다.

렐리아는 오후 집회가 끝나기 전까지 조금씩 메모를 하다가 이 가사를 완성하였다.

> 죄짐을 지고서 곤하거든 네 맘속에 주 영접하며,
> 새 사람 되기를 원하거든 네 구주를 영접하라
> 의심을 다 버리고 구주를 영접하라
> 맘 문 다 열어놓고 네 구주를 영접하라

그리고 그녀는 저녁집회가 끝나기도 전에 멜로디마저 완성시켰다.

오전에 주님으로부터 받았던 은혜를 그대로 찬송으로 승화시킨 것이었다.

이 곡은 찬송 "내 주의 보혈은"과 더불어 가장 애창되는 결신자들을 위한 초대송이다. 1898년 커크패트릭과 헨리 길모어가 공동으로 편찬한 『오순절의 찬양』Pentecostal Praise에 처음 이 곡이 실렸다.

L.N.모리스

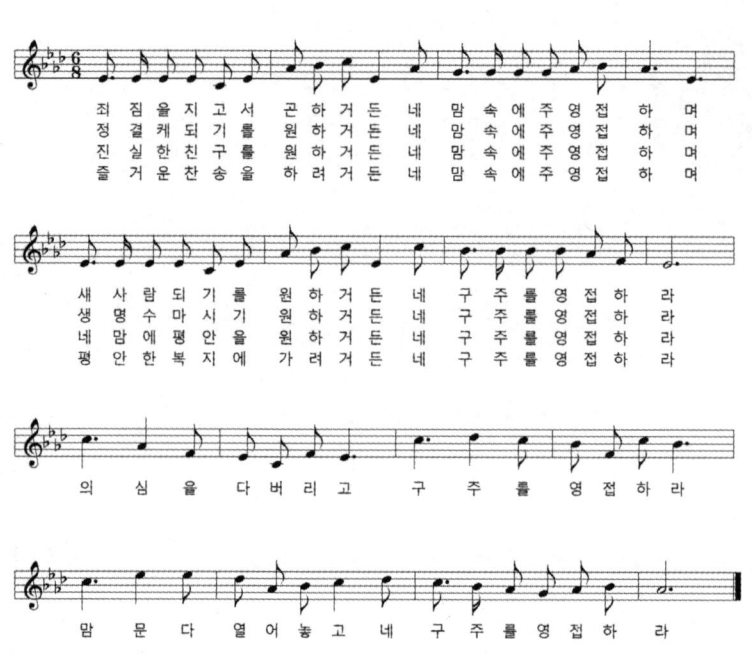

351장_ 통389

믿는 사람들은 주의 군사니

S. Baring- Gould 작사, A.S. Sullivan 작곡

귀족의 자녀가 목사가 되다

이 찬송의 작사자인 새바인 베어링 굴드Sabine Baring-Gould, 1834~1924 목사는 1834년 1월 28일 영국 엑세터Exeter에서 귀족의 자녀로 태어났으며, 독일과 프랑스에서 유학을 하였고 후에 영국 캠브리지의 클레어 대학Clare College을 졸업하였다.

베어링 굴드 목사는 매우 전통 있는 가문에서 태어난 덕분에 어려서부터 좋은 환경에서 엘리트 교육을 받게 되었다. 그는 6개 국어에 능통했으며 철학을 공부하다가 신학에 관심을 갖게 되어 정식으로 신학을 공부하였다. 그리고 30세에 목사가 되었고 영국 요크셔, 엑세터 등에서 목회활동을 하였다.

베어링 굴드 목사는 워낙 지식이 풍부했기 때문에 목회자로서 뿐만 아니라 훗날 훌륭한 학자와 철학가로도 인정을 받았다. 그는 100권이 넘는 저서를 남겼는데 그중에는 30권의 소설도 있다. 그래서 그는 다양한 지식을 바탕으로 하여 어떠한 사람들도 쉽게 알아들을 수 있는 설교를 하는 것으로 유명했다.

특히나 그는 어린 아이들이 주일학교에서 출석해서 쉽게 성경 말씀에 친숙해질 수 있도록 많은 프로그램을 개발하고 어린이들의 눈높이에 맞는 설교를 하는 것에 관심이 많았다.

어린이들을 사랑한 베어링 굴드 목사

베어링 굴드 목사가 요크셔에 있는 작은 마을 호버리horbury에서 목회를 할 때 그 교회의 주일학교가 주님의 은혜 가운데 크게 부흥하여 매년 등록하는 어린이들의 숫자가 늘어났다.

그는 많은 어린이들이 참여할 수 있는 주일학교 프로그램을 항상 연구하였고, 그곳에서 헌신하는 많은 교사들도 베어링 굴드 목사의 프로그램을 너무나 좋아하고 적극적으로 참여하였다.

목회자로서 프로그램을 개발해서 진행하는 일은 그에게도 매우 즐거운 일이었고, 하나님께서 항상 자신과 함께 하신다는 확신을 더해가는 일이었다. 하지만 그에게 한 가지 풀리지 않는 숙제가 있었는데, 그것은 어린이들을 위한 찬양곡이 많이 부족하다는 것이었다. 성인들이 부를 수 있는 찬양곡은 많았지만 어린이들이 부르기에는 너무 가사가 어려워서 무언가 어린이들에게 딱 들어맞는 곡이 없다는 것이 늘 그의 마음 한 구석에 허전함으로 남았다.

1864년 성령강림주일 첫 월요일Whit-Monday에 모든 교회가 참여하는 축제 행사가 있었다. 베어링 굴드 목사의 주일학교 어린이들도 이 행사에 참여하게 되었는데, 그는 축제가 열리는 행사장까지 자신의 교회 어린이들이 흰옷을 입고 십자가와 깃발을 흔들면서 행진해 가는 동안 힘차게 부를 수 있는 찬송이 있었으면 하는 마음이 들었다. 그래서 그는 교회에 앉아 이런저런 찬송들을 찾아보았지만 마음에 딱히 드는 찬송이 없었다. 그는 할 수 없이 직접 만드는 게 낫겠다는 생각을 하게 되었는데, 며칠이 지나도 가사 한 줄도 만들지 못하고 있었다.

'주님! 어린이들을 위한 씩씩하고 힘찬 찬송곡을 주시옵소서.' 그는 하나님께 이렇게 기도를 드렸다. '저의 재주로 만들게 하지 마시고 주님이 직접 저에게 알려 주시옵소서.'

그는 자신의 방에서 성경책을 펼쳐 놓고 좋은 아이디어를 얻기 위해 이런저런 말씀을 보고 있었다. 그때, 한 말씀이 그의 눈에 들어왔는데, 그 말씀은 "여호와께서 이같이 너희에게 말씀하시기를 너희는 이 큰 무리로 말미암아 두려워하거나 놀라지 말라 이 전쟁은 너희에게 속한 것이 아니요, 하나님께 속한 것이니라"라는 역대하 20장 15절의 말씀이었다.

그는 이 말씀을 보고 '주님을 믿고 의지하는 자는 무서울 게 없고 오직 주만 따르면 된다.'라는 생각이 들었고, 바로 책상에서 첫 줄 가사를 쓰기 시작했다.

믿는 사람들은 주의 군사니 앞서가신 주를 따라갑시다
우리 대장 예수 기를 들고서 접전하는 곳에 가신 것 보라
믿는 사람들은 주의 군사니 앞서가신 주를 따라갑시다

이렇게 그는 가사를 완성하고 당시에 누구나 아는 노래인 '세인트 올번 St. Alban'이라는 곡에 운율이 같아서 그 자신이 만든 가사를 붙였다.

행사 당일이 되어서 초록빛으로 둘러싸인 마을을 지나며 행진하는 어린이들은 이 노래를 힘차고 당당하게 행사장에 도착할 때까지 계속해서 불렀는데, 정말 주님의 군대가 된 것처럼 즐겁고 기쁜 마음으로 앞으로 나아갔다.

그 모습을 보며 뒤따라가는 베어링 굴드 목사는 '이 상황이 정말 꿈이 아닐까' 할 정도로 가슴이 벅차올랐다. 그가 어린이를 사랑하고 또 모든 힘을 다해 헌신하는 것을 주님께서는 긍휼히 여기신 것이다. 구하면 주시는 하나님의 임재를 베어링 굴드 목사는 경험한 것이다.

설리반이 힘이 넘치는 곡을 붙이다

베어링 굴드 목사가 이 찬송을 만든 뒤 얼마 되지 않아 이 찬송이 신문 《처치 타임즈》The Church Times에 실려 많은 사람들로부터 사랑을 받게 되었다. 그리고 4년 뒤인 1868년에 정식으로 영국 찬송가에 수록되었다.

또한 1871년에 영국의 오페라 작곡가이며 교회 음악가로 유명한 아서 설리번Arthur Seymour Sullivan, 1842~1900 경이 거트루드Gertrude Clay-ker Seymer 여사의 집에 머물 때 우연하게 이 가사를 보게 되어 곡을 만들게 되었다.

설리번은 강렬한 가사를 보고 큰 감동을 받아 그 감동받은 마음을 그대로 담아 정말 씩씩하고 힘이 넘치는 곡조를 붙이게 되었고, 전 세계의 성도들로부터 너무도 큰 사랑을 받게 되었다. 이 곡 제목이 "거트루드"로 되어 있는 이유는 곡을 만든 장소였던 집 주인인 여인의 이름을 붙였기 때문이다. 설리번은 1883년에 음악적 재능과 학식의 뛰어남을 인정받아 빅토리아 여왕으로부터 기사 작위를 받게 되었다.

이 곡은 설리번이 작곡한 멜로디로 바뀌어서 1872년에 영국 찬송가에 수록되면서 널리 불리는 찬송이 되었다.

1910년에 미국 워싱턴에서 열린 제 6회 세계교회학교대회에서 같은 해 5월 22일에 세계 모든 교회가 동시에 이 찬송을 부르기로 결의하여서 1백 개 이상의 언어로 이 찬송은 번역되었다. 우리나라에는 1902년에 처음 소개되었는데, 이 찬송 역시 베어드Baird 선교사, 즉 '안애리' 여사가 번역을 하였다.

이 찬송은 1942년에 개봉한 영화 "미니버 부인Mrs. Miniver"의 주제곡으로도 사용되어서 아카데미상을 수상하였다. 또한 1969년 3월, 워싱턴 D.C 국립대성당에서 열린 미국 34대 대통령인 아이젠하워Dwight Eisenhower, 1890~1969의 장례식에 조가로도 불렸다.

베어링 굴드 목사가 이 찬송을 작사할 때 쯤, 그는 이 교회에 출석하고 있던 그레이스 테일러Grace Taylor라고 하는 가난한 직공의 딸을 사랑하게 되었다고 한다. 그녀는 학교를 다닌 적이 없어 글을 몰랐는데,

그는 그녀를 공부시켜서 유학까지 다녀오게 한 후 결혼을 하였고 15명의 자녀를 낳았다고 한다. 이렇게 행복하게 살다가 아내가 먼저 세상을 떠나게 되었는데, 그는 아내의 묘비에 '내 영혼의 절반 Half of my soul'이라고 새겨 놓았다고 한다.

S.베어링 굴드

A.S.설리번

예수 사랑하심을

A.B. Warner 작사, W.B. Bradbury 작곡

주일학교 교사를 맡은 자매

"날 사랑하심, 날 사랑하심, 성경에 쓰였네."는 이 찬송의 후렴구로 너무나 잘 알려졌으며 이 찬송은 어린이 찬송으로는 가장 많이 부르는 찬송이라 해도 과언이 아니다. 이 곡의 작사자인 안나 워너 Anna Bartlett Warner, 1827~1915는 1827년 8월 31일 미국 뉴욕, 롱아일랜드에서 태어났는데, 아버지인 헨리 워너 Henry Warner는 뉴욕시의 유명한 변호사였으며 상당한 재력도 가지고 있었다. 하지만 1837년에 닥친 미국 경기의 불황으로 인해 거의 전 재산을 잃게 되었고, 허드슨 강 부근의 섬으로 이사하게 되었다. 이곳으로 이사해 온 후 아버지는 도시에서 살던 때처럼 변호사 일을 할 수 없게 되어 이런저런 일을 하면서 가정을 꾸려 나가고 있었다. 몇 년이 흘러 안나와 언니 수잔이 10대 후반이 되었을 때 그들은 글을 쓰기 시작했는데, 그 이유는 조금이나마 돈을 벌어 아버지를 돕고 싶었기 때문이다. 아버지는 부유한 삶을 살다가 어려워진 가정으로 인해 힘들어 하는 두 딸에게 너무나 미안해했지만 이 또한 하나님의 계획이니 불만을 갖지 말자고 이야기하며, 더욱 교회 일을 열심히

해 줄 것을 부탁했다.

　착한 마음씨를 가진 이 두 자매는 아버지의 말씀대로 다른 무엇보다 주일학교 일에 최선을 다했다. 특히나 아이들에게 성경말씀을 가르치는 것을 좋아했고, 아이들이 물어보는 예수님에 대해 친절하게 답변해 주는 것을 참 행복한 일이라 생각했다.

　주일학교에 출석하는 아이들도 성경말씀을 배우는 것을 매우 좋아했고, 친절하게 대해주는 두 자매를 잘 따르고 있었다. 특히나 작문을 아이들에게 가르쳐주었는데, 아이들은 가르쳐주는 대로 곧잘 글을 써서 교회의 여러 성도들이 이 두 자매를 보배처럼 귀하게 여겼다.

주일 학교 어린이가 폐결핵을 앓다

　두 자매의 주일학교 헌신은 그렇게 모든 사람들에게 은혜가 되고 하나님이 기뻐하시는 일이 되었다. 그러던 중 언니 수잔이 맡고 있는 반의 남자 어린이 한 명이 폐결핵에 걸려 고생하고 있었다. 그 아이는 너무 착하고 귀여운 아이였고, 성결 말씀의 요절 외우는 것을 즐겨하는, 어리지만 하나님을 사모하는 소중한 마음을 가지고 있던 아이였다. 그런데 그런 아이가 그만 몹쓸 병에 걸려 모든 교사들이 안타까워하고 있었다. 교사들은 주일학교가 열릴 때마다 모여서 그 아이가 곧 병상에 일어날 수 있기를 바라면서 기도를 드렸다. 특히나 수잔은 시간이 날 때마다 그 아이의 집으로 가서 병상에 있는 아이의 손을 잡고 하나님께서 곧 완전한 건강을 주실 테니 걱정하지 말고 잘 견디어 내라며 위로하였다.

　하지만 수잔의 노력과 교사들의 정성 어린 기도에도 불구하고 그 아이는 점차 병세가 악화되었고, 얼마 지나지 않아 숨을 거두고 말았다. 수잔에게는 이 일이 너무나 큰 슬픔이 되었고, 상처로 남아 한동안 자신도 몸져눕게 되었다. 동생 안나는 언니가 너무 불쌍하게 느껴졌고, 자신도 그 병상에 있던 아이를 사랑으로 돌보아 왔기 때문에 마음이 많이 아팠다. 하지만 안나는 언니가 받은 충격이 너무 큰 것 같아 언니를 위로할 수밖에 없었다.

"언니! 그 아이가 하늘나라로 간 것은 우리에겐 정말 슬픔이고 가슴 아픈 일이지만 아마도 하나님께서 더 좋은 곳에서 잘 돌보아 주시기 위해서 데려 가셨을 거야. 그러니 언니도 이제 힘을 내어 자리에서 일어나고 또 다른 아이들을 돌보는 데 힘을 써야 하지 않겠어?"

침대에 누워 있던 언니는 그 아이가 너무 불쌍했지만 하나님의 돌보심을 생각하니 가슴이 저려와 하염없는 눈물만 흘리고 있었다. 한참을 울던 언니는 안나의 손을 꼭 잡으며 이렇게 말을 했다.

"안나야, 며칠 후에 그 아이가 묻혀 있는 묘에 함께 찾아가 보고 싶은데, 그때 우리 주일학교 교사들이 다함께 그 아이를 위해 부를 수 있는 노래를 네가 만들어 줄 수 있겠니?"

안나는 언니의 간절한 부탁에 긍정의 대답을 하였고, 하나님께 그 아이를 위로할 노래를 만들 수 있게 해 달라는 기도를 올렸다.

아이를 위한 찬송시를 만들다

예수 사랑하심을 성경에서 배웠네

> 우리들은 약하나 예수 권세 많도다
> 날 사랑하심 Yes! Jesus Loves Me
> 날 사랑하심 날 사랑하심 성경에 쓰였네

이렇게 안나는 찬송시로 예수 사랑하심을 표현하며 눈물의 찬송시를 완성하였다. 여기서 안나가 표현한 "성경에 쓰였네The Bible Tells Me So"는 그녀의 신앙에 대한 확고함을 나타내 주고 있다.

주일학교 모든 교사들은 이 찬송시에 간략한 멜로디를 만들어 그 아이의 묘를 찾아가서 함께 불렀는데, 모두들 눈물을 그칠 수가 없었다고 한다.

이 찬송이 세상적으로 알려지게 된 것은 수잔과 안나 자매가 쓴 소설 『세이 앤 실』Say and Seal에 처음으로 실리게 되면서부터다. 곡의 원제목이 "Jesus Loves Me"가 아니고 "차이나China"라고 되어 있어서 의아하다고 생각할 수 있는데, 그렇게 제목이 붙은 이유는 당시 세계 각지에서 선교하고 있던 미국의 선교사들이 이 찬송이 중국의 어린이들에게 너무나 인기가 있다고 침례교 교단에 보고를 하여, 침례교 교단에서 그렇게 이름을 붙였기 때문이다. 두 자매는 이즈음부터 노년이 될 때까지 미국 육군사관학교West Point 생도들을 위한 주일학교를 운영하면서 살았다.

찬송 "내 기도하는 그 시간", "이 몸에 소망 무언가" 등의 작곡가로 유명한 윌리엄 브래드버리가 이 소설이 나온 지 2년 뒤인 1862년에 지금의 멜로디로 작곡을 하였다.

이 찬송의 가사 1절은 안나 워너가 썼으며, 후일에 2절과 3절은 맥과이어David R. McGuire, 1929~1971가 작사하였다. 2절과 3절 가사를 만든 맥과이어는 캐나다 온타리오에서 태어나서 토론토에 있는 위클리프 대학Wycliffe Colleges에서 신학을 공부하였다. 그 후에 그는 성공회의 성직자가 되었고, 토론토1959~1969를 비롯한 온타리오 등 4개의 교회에서 목회를 하였다. 그는 캐나다 성공회에서 설립한 '캐나다연합교회United Church of Canada'에서 만든 1971년에 편찬된 찬송가를 만드는 데 큰 공헌을 하였다.

이 찬송의 우리말 번역은 숭실 학당의 설립자 베어드 선교사의 부인, 즉 안애리 여사가 하였다.

A.B.워너   W.B.브래드버리

184장_ 통173

불길 같은 주 성령

C.W. Fry 작사

구세군에서 헌신을 시작하다

이 곡을 작사한 찰스 프라이Charles William Fry, 1838~1882는 1838년 5월 30일 영국 앨더베리Alderbury, Wiltshire에서 태어났다. 그는 악기에 관해서는 정말 다재다능한 재주를 가지고 있었는데, 특별하게 레슨을 받지 않아도 악기의 연주법이나 악기의 구조에 대한 습득력이 대단해서 짧은 시간에 여러 악기를 훌륭하게 연주할 수 있었다. 바이올린, 첼로, 피아노, 코오넷, 페달식 풍금Harmonium 등 못 다루는 악기가 없을 정도였다. 그는 자신의 고향인 앨더베리에 있는 웨슬리교파의 교회에서 관악밴드와 오케스트라를 이끌었으며, 영국 남부에 있는 솔즈베리Sailsbury의 크리스천 전도단에서 헌신하기도 하였다. 그는 특별히 금관악기인 코오넷트럼펫과 유사함을 매우 잘 연주했는데, 그의 아들들에게 나팔 부는 것을 가르쳐 주었고, 이들 역시 악기를 잘 다루어 가족끼리 구성한 악단이 제법 알려졌으며, 주위에서 호평을 받았다.

1878년, 이 가족들이 살고 있던 앨더베리에 윌리엄 부스William Booth, 1829~1912가 창설한 구세군들이 찾아와서 대대적인 전도 집회를 가지게 되었는데, 프라이 가족은 그 지방 여러 유지들의 반대를 무릅쓰고 구세군 집회를 돕기 위하여 자기들의 악단으로 봉사하겠다고 자청하였다. 이들의 열정적인 헌신으로 이곳 집회는 매우 성공적으로 끝나게 되었고 이를 계기로 프라이 가족악단을 초청하는 곳이 많아지게 되었다. 그리고 특별히 구세군 교회가 노방전도를 할 때에는 잊지 않고 나가서 봉사를 해야 했다. 이렇게 하여 이들은 구세군의 노방전도와 집회 때 악기를 동원하는 계기를 만들었다.

생업과 헌신의 기로에 서게 되다

프라이 가족들은 자기 자신들의 충성스런 헌신이 좋은 성과를 거두는 것을 보자 매우 기뻤다. 그러나 이들의 본업인 건축업은 점차 기울기 시작했고, 마침내 문을 닫게 되자 이들은 매우 중요한 기로에 놓이게 되었다. 가족 모두가 헌신을 하다 보니 본업을 돌보는 이가 없었기에, 어떻게 보면 이러한 것이 당연한 귀결이었다. 이들은 구세군에서 보수를 바라고 시작한 것은 아니었으나 가족들을 위하여 생업을 포기할 수도 없었고, 생업인 건축업 때문에 주님을 버릴 수가 없어 더더욱 딱한 사정에 놓이게 되었다.

가족들은 늘 무릎을 꿇고 하나님께 간절히 기도하였다. 그러나 이러한 문제는 쉽게 풀리지 않았다. 그래도 프라이는 기도하고 또 기도하였고 그러던 중에 "아버지나 어머니를 나보다 더 사랑하는 자는 내게 합당치 아니하고 아들이나 딸을 나보다 더 사랑하는 자도 내게 합당치 아니하며 또 자기 십자가를 지고 나를 쫓지 않는 자도 내게 합당치 아니 하니라 자기 목숨을 얻는 자는 잃을 것이요 나를 위하여 자기 목숨을 잃는 자는 얻으리라."는 마태복음 10장 37절~39절 말씀이 생각났다. 그는 이 말씀을 자신의 마음에 깊이 새기면서 기도했더니 세상에 대한 두려움은 사라지고 담대한 마음이 생겼다. '하나님 아버지! 저는 하나님이 주신 모든 재능을 주님을 위해 모두 다 바치고 싶습니다. 또 제 자식들도 같은 마음이니 주여 기쁜 마음으로 저희를 받아 주시옵소서.' 그는 큰 소리로 주님께 기도를 드렸다.

그는 그 길로 구세군 창설자 윌리엄 부스 대장을 찾아가서 자신의 생각과 사명에 대해 이야기를 하면서, 생업을 버리고 전적으로 주의 일에 모든 것을 바치고 싶다고 전하게 되었고, 부스 대장도 이 뜻을 흔쾌히 받아들여 온 가족이 1880년 5월 14일에 런던으로 가게 되었다.

온몸을 던져 헌신하다

이들 가족은 하나님께 받은 사명을 감당하기 위하여 밤낮 구분 없이 헌신적으로 봉사하였다. 하지만 나팔을 부는 일은 정말 지치는 노동 중에서도 중노동이었다. 너무나 열심히 헌신을 하다 보니 프라이 가족들의 폐에 조금씩 문제가 생기기 시작했다. 몸이 부서질 정도로 힘이 들고 폐가 아파 숨 쉬기도 어려울 때도 있었지만 이러한 일들이 주님의 영광을 위한 일이었기에 가족 모두가 주저함이나 휴식도 없이 봉사를 하였다.

그렇게 구세군에 온몸을 던져 헌신한 지 2년이 지나자, 프라이는 육체적으로 한계에 도달하게 되어 병이 생겼고, 어쩔 수 없이 몸져눕게 되었다. 그래서 구세군을 후원하던 폴몬트Polmont 파크힐Park Hill에 사는 레어머스Livingstone Learmouth의 집에 가서 몸을 의탁하게 되었다. 육신적으로 점차 힘들어져 가는 상황이었지만, 그는 조금만 건강이 회복되면 거리에 뛰쳐나가 주님을 위한 연주를 하고픈 마음뿐이었다. 그래서 그는 주님께 드리는 자신의 결의를 담아 글로 표현했다.

> 불길 같은 주 성령 간구하는 우리게
> 지금 강림하셔서 영광 보여 주소서
> 성령이여 임하사 우리 영의 소원을 만족하게 하소서
> 기다리는 우리게 불로, 불로 충만하게 하소서

그리고 이 찬송시는 영국 민요에 붙여져서 찬송 "불길 같은 주 성령"으로 탄생하게 된다. 레어머스는 정성껏 주의 종인 프라이를 돌보았으나 1882년 8월 23일 프라이는 끝내 회복하지 못하고 그곳에서 45세라는 젊은 나이에 하나님의 품으로 가게 되었다.

그는 악기 연주를 통한 봉사뿐만 아니라 이 집회 때 사용할 찬송시를 간간히 작시하였다. 프라이는 짧지만 온몸을 던져 주께 봉사하면서 두 가지 위대한 업적을 남겼는데 첫째는 구세군의 노방전도나 부흥집회 때 악단이 동원되는 일이었고 또 다른 하나는 부흥집회 때마다 성령 충만을 간구하는 찬송을 부르도록 이 찬송을 남겨 놓은 것이다.

W.부스

C.W.프라이 가족

184장_통173

no.38

불길 같은 주 성령

C.W. Fry 작사

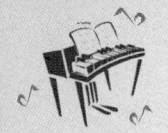

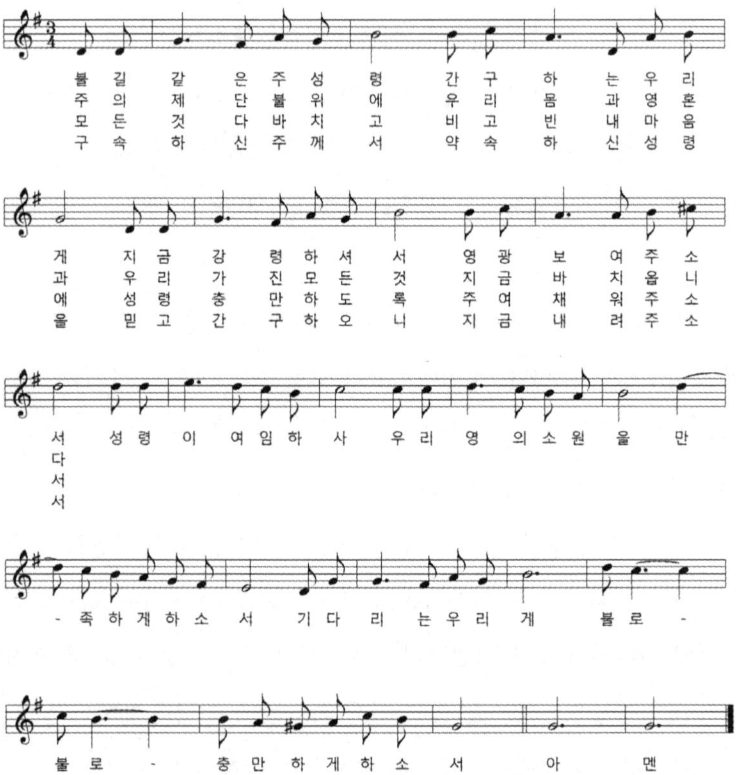

458장_ 통513

너희 마음에 슬픔이 가득할 때

I.D. Ogdon 작사, C.H. Gabriel 작곡

교사 생활을 하며 글을 쓰다

이 찬송의 작사자인 아이나 오그돈Ina Mae Duley Ogdon, 1872~1964은 1872년 4월 3일에 미국 일리노이 주의 로스빌Rossville, Illinois에서 윌리엄 윌슨William Wilson의 딸로 태어나 후페스턴Hoopeston 시에 있는 그리어 대학Greer College을 다녔다. 아이나는 대학을 졸업하자마자 교사 생활을 시작하여서 1900년까지 약 8년간 일리노이 주에서 교사 생활을 하였다. 그녀는 교사를 시작하던 해인 1892년에 최초로 찬송시 "창문을 활짝 열어라Open Wide the Windows"를 발표하게 되었는데, 찬송 "주 예수 내 맘에 들어와"의 작곡자로 유명한 대가 '찰스 가브리엘'이 찬송시에 곡을 붙이게 되면서 온 세상에 알려지게 되었다. 물론 이 일을 계기로 두 사람은 긴 시간 동안 함께 작품을 하게 되었다. 그러면서 이 찬송 "너희 마음에 슬픔이 가득할 때"와 같은 많은 명곡들을 계속 발표하였다.

아이나는 24세가 되던 해인 1896년에 동료 교사였던 제임스 오그돈James Weston Ogdon과 결혼을 하였고, 1900년에는 오하이오 주 톨레도Toledo, Ohio로 거주지를 완전히 옮기게 되었다. 그리고 그곳에서도 여전히 교사생활을 계속 하였다. 1901년에 아이나는 아들을 낳았는데 아이 이름을 자신의 아버지의 이름과 같은 윌리엄으로 지었다.

아버지에게 닥친 불의의 사고

남편과 함께 교사 생활을 하던 아이나는 매우 행복하고 안정된 삶을 살았다. '찰스 가브리엘' 등의 훌륭한 작곡가들과의 음악 작업도 매우 순조로웠으며, 많은 사람들이 자신이 만든 찬양곡을 사랑해 주기도 하고, 여기저기서 작사를 부탁하는 일도 많아졌다. 학교생활도 즐거웠고, 자신이 다니는 교회에서도 많은 사역을 하면서 늘 주님의 은혜 가운데 천국을 누리며 살았다.

오하이오 주로 이주한 지 10년이 넘어가고 있을 무렵 그동안 두 번째 아이도 낳았는데, 예쁜 딸이었다.이 딸은 후일에 92세까지 생을 산 아이나의 여생을 함께 하였던 딸이다

그러나 편안한 삶을 살고 있던 1913년에 뜻밖의 소식이 그녀에게 찾아왔다. 아버지가 길을 가던 중에 지나가던 차량에 치여 큰 사고가 났다는 것이었다. 그녀는 이 소식을 듣고 아버지가 후송된 병원 응급실로 향했다.

아버지를 찾은 아이나는 정신을 차릴 수가 없었다. 담당 의사의 말에 따르면 아버지의 부상 정도가 너무 심해서 목숨이 위태롭다고 하였다. 아버지는 머리에 심한 부상을 입었을 뿐 아니라 척추가 골절된 심각한 상태였다. 그녀는 의사를 붙들고 아버지를 살려달라고 울며 애원하였지만 의사는 자신도 최선을 다하겠으나 생사에 대해서는 확신을 할

수 없다는 말만 반복했다.

    병원 복도의 벽에 기대어 앉아 울고 있던 아이나는 울다가, 울다가 하나님께 기도를 드렸다. '주님! 저를 위해 너무나 고생하신 저희 아버지를 꼭 살려 주세요. 지금 데려 가시기에는 너무 이릅니다. 주님! 제발 살려 주시옵소서.'

    모든 사람들의 걱정 속에 아버지는 3일 만에 의식이 돌아왔으나 말을 할 수도 없고, 사람을 알아보지도 못하는 상태였다. 하지만 아이나는 아버지가 살아 있는 것만으로도 너무나 감사하고 기뻤다.

아버지를 돌보게 되다

    아이나는 병원에 있던 아버지를 자신의 집으로 모셔 왔다. 자신을

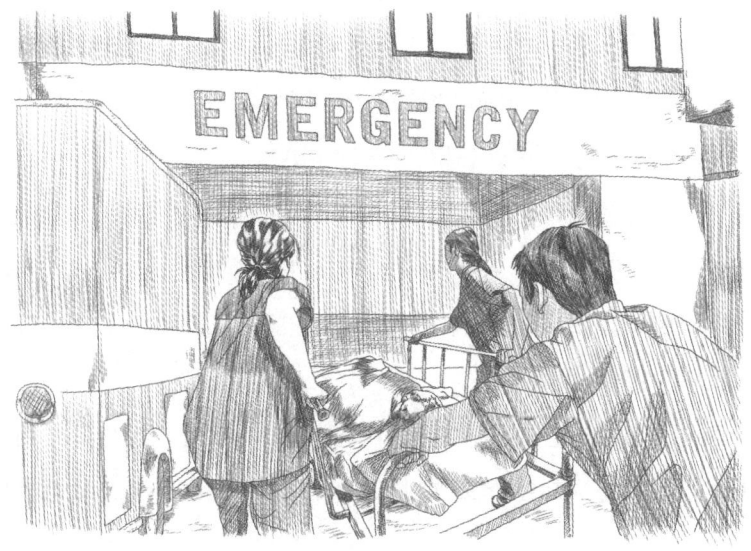

키우면서 고생하신 아버지를 극진히 간호하여서 아버지의 완쾌된 모습을 보고 싶었다. 밤낮 구분 없이 아이나는 정말 아버지를 정성을 다해 간호하였다. 근무하던 학교에도 사직서를 내고 오직 아버지를 돌보는 데 힘썼다. 그리고 틈이 날 때마다 아버지의 완쾌를 위해 하나님께 기도드리는 것을 쉬지 않았다.

이렇게 아버지를 간호하면서 1년, 2년이 지나가고 있었다. 그러나 무엇보다 아이나가 힘들었던 것은 그녀가 간호를 열심히 하고 있는데도 불구하고 아버지의 병세가 전혀 호전이 되지 않고 있다는 것이었다. 아이나도 점점 힘이 들고 희망적인 마음도 절망으로 바뀌어 가고 있었다. 우리말에 '긴 병에 효자가 없다'는 속담처럼 아이나도 서서히 지쳐 가고 있었던 것이다. 무엇보다 아버지의 병세가 조금이나마 호전이 되었으면 조금이라도 희망을 갖겠는데, 아버지는 전혀 회복이 안 되고 있었다.

아버지를 집으로 모신 지도 어느덧 3년이 되었다. 아이나는 자신이 너무나 큰 십자가를 지고 있는 듯한 생각이 들었다. 그는 그동안 지내면서 신앙의 힘으로 이겨 내고 있었지만 참으로 감당하기 어려운 십자가였다. 주님은 우리가 감당할 시험 외에는 허락지 않으신다고 하셨는데 그녀에게는 너무나 무겁고 힘겨운 십자가였다.

'주님! 저의 정성이 부족한 것입니까? 아버지가 나아지는 모습이 보이지 않으니 저도 이제 너무 힘이 듭니다. 아버지에게 건강을 허락하기 어려우시다면 그냥 아버지를 하나님의 나라로 데려 가셔서 편히 지낼 수 있도록 하여 주십시오.'

아이나의 이러한 기도는 매일 새벽과 밤에 계속해서 쉬지 않고 이어지고 있었다. 힘이 드는 것도 있지만 모든 상황을 생각하니 그냥 마음이 너무 답답해서 눈물이 흘러내리고 있었다. 아버지의 곁에 앉아 의식도 없이 점점 초췌해져 가는 아버지의 모습을 보니 더욱 가슴이 아팠다.

아이나는 마음을 추스르기 위해 성경책을 펼쳐 차근차근 읽었다. 그날은 마가복음을 읽을 차례였는데, 8장의 한 절에 이르러 눈이 멈추고 말았다. "무리와 제자들을 불러 이르시되 누구든지 나를 따라오려거든 자기를 부인하고 자기 십자가를 지고 나를 따를 것이니라."는 34절의 말씀이 그녀의 마음을 너무나 크게 두드리고 있었다. 특히 '자기를 부인하라'는 말씀과 '자기의 십자가를 지고 주님을 따르라'는 말씀이 자신에게 직접 하시는 말씀 같았다.

그렇다. 내가 지고 갈 십자가라면 나를 부인하고 기쁜 마음으로 십자가를 져야 하는 것이었다. 십자가를 슬프고 괴로운 표정으로 질 것이 아니라 웃는 얼굴로 져서 다른 사람으로 하여금 그 십자가의 고통에 대하여 동정하거나 위로를 하는 일이 없게 해야 한다.

아이나는 자신의 마음을 그대로 찬송시로 남기게 되었다. 그녀는 기쁜 마음으로 십자가를 감당하여 승리할 수 있었고, 그의 승리의 간증을 이 복음 성가에 쏟아 놓게 되었다.

> 너희 마음에 슬픔이 가득할때 주가 위로해 주시리라
> 아침 해 같이 빛나는 마음으로 너 십자가 지고 가라
> 참 기쁜 마음으로 십자가 지고 가라
> 네가 기쁘게 십자가 지고 가면 슬픈 마음이 위로받네

그녀의 찬송시에서는 "기쁘게 십자가를 지라 Carry your cross with a

smile"는 가사가 계속 반복되어 나오고 있다. 우리는 크리스천이라 해서 어려움이나 고통을 피해 갈 수는 없지만, 크리스천은 어려운 일에 대처하는 방법이 세상 사람들과 다르다. 그래서 어떤 시련에도 넘어지지 않고 결국 승리하게 된다.

이 찬송은 1916년 아이나가 작사를 한 뒤 바로 찰스 가브리엘에 의해 작곡이 되었고, 역시 같은 해에 호머 로드히버Homer A. Rodeheaver사에 의해 판권이 등록되었다.

딸과 함께 그 집에서 노년을 보내던 아이나는 92세인 1964년에 하나님의 부르심을 받아 주님의 나라로 갔다.

C.H.가브리엘   I.D.오그돈

458장_통513

no.39

너희 마음에 슬픔이 가득할 때

I.D. Ogdon 작사, C.H. Gabriel 작곡

너희 마음에 슬픔이 가득할 때 주가 위로해 주시리
때를 따라서 주시는 은혜로써 갈한 심령에 힘을 얻
네가 맡은 일 성실히 행할 때에 주님 앞에서 상 받으

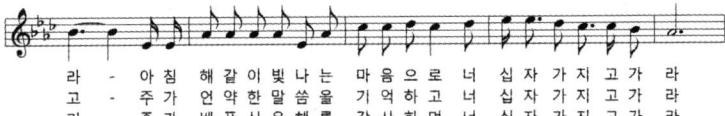
라 - 아침 해같이 빛나는 마음으로 너 십자가 지고 가라
고 - 주가 언약한 말씀을 기억하고 너 십자가 지고 가라
리 - 주가 베푸신 은혜를 감사하며 너 십자가 지고 가라

참 기쁜 마음으로 - 십자가 지고 가 라 - 네가

기쁘게 십자가 지고 가면 슬픈 마음이 위로 받네 -

390장_ 통444

예수가 거느리시니

J.H. Gilmore 작사, W.B. Bradbury 작곡

주지사의 아들이 목회자의 길을 걷게 되다

조셉 길모어Joseph Henry Gilmore, 1834~1918 목사는 1834년 4월 29일, 매사추세츠 주의 보스턴Boston, Massachusetts에서 태어났으며, 그의 아버지는 뉴햄프셔New Hampshire 주의 주지사를 지내며, 상당히 영향력 있는 정치계의 인물이었다. 조셉 길모어는 명문 대학인 브라운 대학에서 미술을 전공하였으나, 대학을 다니던 중 신학에 관심을 갖게 되어 결국 뉴튼 신학교Newton Theological Seminary에 입학하여 신학을 정식으로 공부하였고, 1861년에 졸업하였다.

그 후 그는 1863년부터 2년간 주지사이던 아버지의 요청에 따라 주지사의 비서진으로 일하였다. 그리고 같은 시기에 그는 뉴햄프셔 주에서 발행되는 일간 신문 《콩코드》The Concord 지에서 편집인으로 일하였다.

1865년에 길모어는 뉴욕의 로체스터에 있는 제이침례교회Second Baptist Church에서 목회를 하게 되었고, 그 후 그는 피셔빌Fisherville과 뉴햄프셔 등에서 목회 생활을 했다. 그리고 이 목회 생활과는 별도로 1868년부터 1908년까지 그는 로체스터 대학교에서 영문학을 가르쳤고,

그곳에서 영문학에 관한 몇 권의 대학 교과서를 저술하기도 하였다.

설교단의 일원으로 설교를 하다

1862년 3월 26일 길모어 목사는 필라델피아의 '브로드 앤 아치Broad and Arch'가에 있는 제일침례교회의 수요일 저녁 예배에 설교자로 초빙받았다. 그는 그곳에 혼자 온 것은 아니고 2주 동안 설교할 설교단의 일원으로 온 것이었다. 설교자가 설교에 대한 여러 가지 부담이 있을 수 있지만 이렇게 여러 설교자들과 함께 순차적으로 설교한다는 것은 여러 날에 걸쳐 긴장이 되는 일이었다. 타 설교자에 비해 본인의 영력이 떨어지는 설교를 하면 안 된다는 불안함 같은 것이 있기 때문이다. 그래서 그는 며칠에 걸쳐 준비한 설교를 읽고 또 읽으면서 어떻게 하면 이 말씀을 잘 전할까 걱정하였다.

그가 준비한 설교는 "여호와는 나의 목자시니 내게 부족함이 없으리로다."로 시작되는 시편 23편을 주제로 한 설교였다. 그는 최선을 다해서 설교를 하고 있었는데, 이때 갑자기 하나의 생각이 자신의 머리를 스쳐 지나갔다. 그것은 바로 이렇게 큰 교회에 와서 설교단의 일원으로 설교를 하고 있는 것이 자신의 능력이나 의지로 된 것이 아니라 하나님의 은혜로 된 것이라는 것이었다. 그는 설교를 하는 도중 감동이 밀려와 눈물도 글썽이게 되었고, 설교를 하는 중에 주님의 은혜를 생각하다가 목이 메여 울컥하는 바람에 설교가 잠깐 끊어지기도 하였다. 하지만 그것이 오히려 설교를 듣고 있던 성도들에겐 너무나 자연스럽고 경험에서 나온 설교처럼 들려서 많은 은혜와 감동을 주게 되었다.

예수가 거느리시니

그는 설교를 마치고서도 한참 동안 예배당에서 눈물을 흘리며 감사의 기도를 하고 있었다.

'지금까지 살아온 것이 다 주님의 은혜입니다.'

그날의 일정을 모두 마치고 그는 쉬기 위하여 그 교회의 왓슨Deacon Watson 집사의 집으로 가게 되었다. 길모어 목사는 왓슨 집사의 집에 도착해서도 오늘 느낀 감정이 잘 추슬러지지 않았다. 늦은 시간이었지만 다들 차를 마시며 이야기를 나누었는데, 길모어 목사는 자신이 오늘 설교 도중에 시편 23편의 말씀이 자신에게 이전과는 전혀 다르게 다가왔다고 이야기하였고, 모인 사람들도 오늘의 설교가 특별했다고 대답하였다. 서로의 이야기는 계속 이어져서 이 교회의 교인들과 길모어 목사는 지금까지 하나님께서 우리의 삶을 인도하신 것에 대해 서로가 가지고 있는 각자의 경험과 간증을 나누게 되었다. 한 사람, 한 사람이 자신의 간증을 하고 있는 동안 길모어 목사는 한줄, 한줄 메모를 하고 있었고, 모든 사람들이 다 이야기를 나눈 뒤에 이 메모를 끝냈다. 그리고 길모어 목사는 이 메모를 그날 밤에 정리를 하였는데, 그것이 찬송 "예수가 거느리시니"의 가사가 된 것이다.

> 예수가 거느리시니 즐겁고 평안하구나
> 주야에 자고 깨는 것, 예수가 거느리시네
> 주 날 항상 돌보시고 날 친히 거느리시네
> 주 날 항상 돌보시고 날 친히 거느리시네
> 때때로 괴롭당하면 때때로 기쁨 누리네
> 풍파 중에 지키시고 평안히 인도하시네

 그는 다음날 자신의 집으로 돌아와 아내에게 적은 메모를 보여 주며 어제 있었던 설교와 자신의 감동에 대해 이야기를 해 주었다. 그리고 그 이후 이 찬송시를 길모어 목사의 아내가 남편 몰래 '워치만 앤 리플렉터Watchman and Reflector' 잡지사에 보냈고, 그곳에서 이 찬송이 잡지에 실려 세상에 알려지게 되었다.

 시간이 좀 흐른 1863년에 윌리엄 브래드버리는 '워치만 앤 리플렉터' 잡지에서 이 찬송시를 보게 되었으며, 이 가사와 꼭 맞는 멜로디로 작곡하여 세상에 많은 이들에게 큰 사랑을 받게 되었다.

 3년 후인 1865년에 길모어 목사는 뉴욕 주의 서부 공업도시 로체스터Rochester, New York에 있는 제이침례교회로 가서 신임목사 후보자로서 설교를 하게 되었다. 긴장감을 갖고 예배당으로 들어가는데, 그 교회의 성도들의 찬양이 매우 뜨거웠다. 그는 온 성도들이 정성을 다해 찬송 부르는 것을 보고 큰 은혜를 받았고, 이 찬송이 무엇인지 너무 궁금해서 앞쪽에 앉아 있는 한 성도에게 "지금 부르고 있는 찬송이 무엇입니까?"라고 물었다.

그 성도가 펼쳐 준 찬송가 곡은 "나를 거느리시네He Leadeth Me"였으며, 작사가의 이름을 보니 본인의 이름이 거기에 기록되어 있는 것을 보게 되었다. 그러나 정작 본인은 그것이 자신의 작사라는 것을 그 때 처음 알게 되었다. 그는 후일에 또 다른 여러 찬송가를 만들기도 했지만 그 어느 것도 "예수가 거느리시네He Leadeth Me"처럼 호평을 받지는 못하였다.

조셉 길모어 목사는 종교계와 교육계에서 높이 존경받았지만, 그가 28세 때 작사한 이 찬송가의 작가로, 또 필라델피아에서의 방문 설교자로 사람들에게 더 기억되고 있다.

이 찬송가는 어떠한 근대 찬송가보다 많은 외국어로 번역되었다. 제2차 세계대전 중 군인들은 이 찬송가가 남태평양의 미개한 폴리네시아Polynesia: 하와이제도, 뉴질랜드, 이스터 섬을 잇는 삼각해역 전체를 의미함 사람들에 의하여 불리는 인기 있는 찬송가 중에 한 곡이라는 것을 알고 크게 놀랐다고 전해진다.

또한 필라델피아의 제일침례교회 건물이 1926년에 교회에서 대형 사무실로 바뀌었는데, 그 건물 모서리에 "나를 거느리시네He Leadeth Me"의 첫 구절 가사를 포함하는 한 개의 동판이 세워져 오늘날까지 남아 있다. 그곳에는 비문에 의미 있는 말들을 새기는 것처럼 "이 사랑스러운 찬송가의 아름다움과 명성을 인정하고, 그 저명한 작사자를 기념하여."라고 씌어져 있다.

J.H.길모어

W.B.브래드버리

no.40

예수가 거느리시니

J.H. Gilmore 작사, W.B. Bradbury 작곡

예 수 가 거 느 리 시 니 즐 겁 고 평 안 - 하 구 나
때 때 로 괴 롬 당 하 면 때 때 로 기 쁨 - 누 리 네
내 주 의 손 을 붙 잡 고 천 국 에 올 라 - 가 겠 네
이 세 상 이 별 할 때 에 마 귀 의 권 세 - 이 기 네

주 야 에 자 고 깨 는 것 예 - 수 가 거 느 - 리 시 네
풍 파 중 에 지 키 시 고 평 - 안 히 인 도 - 하 시 네
괴 로 우 나 즐 거 우 나 예 - 수 가 거 느 - 리 시 네
천 국 에 가 는 그 길 도 예 - 수 가 거 느 - 리 시 네

주 날 항 상 돌 보 시 - 고 날 친 히 거 - 느 - 리 시 네

주 날 항 상 돌 보 시 - 고 날 친 히 거 - 느 - 리 시 네 아 멘